公明党と子ども若者政策

こども政策検証プロジェクト編

JN214690

潮新書

062

潮出版社

はじめに

本書では、二〇二三年四月に施行されたこども基本法のもとで進められているこども政策について、公明党の果たした役割を中心に検証していきます。

なぜ公明党なのか、それは、子ども若者の権利の国内法であるこども基本法、そしてこども家庭庁のもとで、こども政策を中心的に推進してきたのが、政権与党である公明党だからです。

まず、こども政策とは何か、について説明をしておきます。

こども政策とは「子ども若者の権利及び最善の利益の実現を直接・間接の目的とする、こどもに係わるあらゆる政策」と定義されています（末冨二〇二三・一六頁*）。ひらがなで「こども」と書く場合には、こども基本法にのっとり、年齢規定をおかない子ども若者を意味しています。我が国も批准している子どもの権利条約（児童の権利に関する条約）では、第一条に「子どもとは一八歳未満」という規定がありますが、若者期までの切れ目のない支援が必要だからこそ、あえて年齢規定のない「こども」という表現が使われているのです。

さて、こども政策検証プロジェクトは、こども基本法の成立を求めるPT（プロジェクトチーム）呼びかけ人である私、末冨芳（日本大学文理学部教授）と、子ども若者の権利を重視した情報発信を継続的に行ってきた論壇誌『潮』編集部との協働によって進められてきました。私は研究者として、子どもの貧困対策団体の理事として、常日頃から与野党超党派の国会議員にこども政策や教育政策に関する働きかけ（ロビイング）を行っています。子ども若者への政策や教育は政争の具にするのではなく、与野党の間の対話での合意形成によってつくられることが、子ども若者や国としての幸せにつながるからです。そのなかで、他の政党の国会議員の活動も、公明党の国会議員の活動も観察し、研究者の習慣として分析もしてきました。

二〇二〇年からはじまったこども基本法への動き、二〇二一年衆議院選挙での公約、こども基本法施行・こども家庭庁発足以降に展開されているこども政策、とくに子ども若者たちのための財源である「こども金庫」の創設、いずれも公明党の精力的な活動なしには実現できなかったものです。私自身も、いつかはその過程を研究者としてまとめておかなくてはならないと考えていました。しかし、私自身がこども政策、特にこどもの貧困対策や教育政策の最前線で活動するなかで、なかなかその作業に着手することができなかったのです。

そのようなときに、折々に寄稿させていただいている潮編集部からお声かけをいただきました。

本書では、潮編集部が私にインタビュー調査を実施し、それを私が加筆修正し、必要なデータや根拠を示しながら、正確性や公平性を高めた記述とする手法を採用しています。

本書が、子ども若者たちにお心を寄せてくださる皆さま、こども政策にご関心をおもちの皆さまのお役にたてば、プロジェクトとしては大変うれしいことと考えています。

二〇二四年七月

こども政策検証プロジェクト

＊末冨芳、二〇二三「こども基本法の意義―子どもの権利と最善の利益を実現するこども政策のために」／末冨芳編著『子ども若者の権利とこども基本法』明石書店、一五頁―三六頁

公明党と子ども若者政策　目次

第一章　こども政策の大転換
「こども基本法」と「こども家庭庁」設立の経緯と意義

第二章 子どもの幸せが第一
公明党とこども政策

第三章 若者の声をカタチに 公明党と若者政策

第四章

なぜ公明党にしかできないのか

日本社会と公明党

ブックデザイン／Malpu Design（清水良洋）
本文ＤＴＰ／スタンドオフ

第一章

こども政策の大転換

「こども基本法」と「こども家庭庁」設立の経緯と意義

ようやく動き出した日本のこども政策

二〇二三年四月一日、こども基本法が施行され、こども家庭庁が発足しました。

こども基本法の施行とこども家庭庁の発足は、日本の政治の歴史的転換点です。こども基本法は、すべてのこどもの権利の擁護と、将来にわたって幸福な生活を送ることができる社会（こどもまんなか社会）を実現するため、こども施策に関し、基本理念を定め、国の責務などを明らかにし、こども施策を推進するための基本法です。

こども基本法、こども家庭庁でいう「こども」に年齢規定はなく、心身の発達の途上にある子ども、若者を示すことも重要なポイントです。

こども基本法の最大の意義は、子どもが自分たちの権利を侵されることなく幸せに暮らしていくという民主主義国家としてのあたりまえを実現できるようになったことです。裏を返せば、こども基本法とこども家庭庁ができた今も、この国では子どもの権利はまだ十分に実現されていないのです。

こどもの貧困や虐待《ぎゃくたい》、いじめ、自死などに関して、これまでは個別の対策が打たれてきました。ところが、それらの対策には子どもの権利の概念が希薄だったため、なかなか抜本的な解決にはつながってきませんでした。いわば、対症療法ばかりで根治治療が行われてこなかったのです。人権の観点から見れば、貧困も虐待もいじめも自死も、すべては子どもの権利が侵されている状態です。

国連総会において子どもの権利条約が採択されたのは一九八九年。日本は翌九〇年に署名し、九四年に批准《ひじゅん》しました。これをもって「日本では子どもの権利が守られている」とする人々がいますが、子どもの権利の実現は、移ろいゆく時代や変化する社会に合わせて、不断に取り組まなければならない事柄です。そして実際に、日本では子どもの権利がまだまだ実現されていない。貧困や虐待、いじめ、自死だけではありません。

後にも詳述しますが、典型的だったのはコロナ禍初期における小中学校の一斉休校と公園の遊具使用禁止でした。当時はまだまだ未知だったウイルスの世界的蔓延《まんえん》という状況下とはいえ、これらは明らかに学びや遊びによって支えられる子ども自身の「育つ権利」の侵害です。子どもの権利侵害を、なんのためらいもなく政府や地方自治体が行うのですから、日本がいかに子どもの権利を侵してきた国であるかは明白といえるでしょう。こども基本法とこども家庭庁は、そうした状況を抜本的に転換するための、大きな契機となる施策なのです。

では、子どもの権利条約の批准から、こども基本法の施行とこども家庭庁の発足までに、約三十年もの歳月がかかったのはなぜか——行政における最初の壁となったのは、宮沢喜一政権下において、繰り返された国会答弁でした。

たとえば一九九二年六月三日の衆議院文教委員会での公明党（当時は野党でした）の鍛冶《かじ》清《きよし》衆議院議員による子どもの権利条約の意義に対する質問に対し、外務省官房審議官・小西正樹氏が「児童の権利の実現のために、我が国は既に立法措置《そち》・行政措置を講じておりまして」と答弁しています。(1) 外務省が「現代日本ではすでに子どもの権利が守られている」と繰り返すことによって、子どもの権利実現を阻《はば》む大きな障壁が生まれてしまったのです。それが当時の自民党政権の姿勢でした。これが根本的に変わらなかったために、これまで子どもの権利を尊重したこども政策の抜本的な導入が実現してこなかったのです。日本政府はこれ以降も、国連・子どもの権利委員会から何度も改善の勧告を受けてきましたが、それでも抜本的な見直しは行われませんでした。

たとえば、学校において合理的理由がなく、子ども若者の人権侵害となる校則などはその最たるものです。二〇一七年に大阪府の高校で、女子生徒が生まれつき茶色い髪を黒に染めるよう学校に強要された精神的苦痛から不登校になり、学校を訴える裁判を起こしました。これをきっかけに、内田良名古屋大学教授、評論家の荻上チキさんたちがブラック校則改善を訴え(2)、六万にもなる署名を文部科学省に提出されました。これをきっかけに、文部科学省が二〇二一年六月に「校則の見直し等に関する取組事例について（事務連絡）」を発出し、学校の校則見直しのきっかけとなりました。

しかし、二〇二一年の文部科学省の事務連絡には、不適切な校則が、子どもの権利を侵害しているという視点がなかったのです。

ところがこども基本法が二〇二二年六月に国会で成立したことにより、二〇二二年十二月に改訂された文部科学省「生徒指導提要」には「また、本年六月に『こども基本法』が成立し、子供の権利擁護《ようご》や意見を表明する機会の確保等が法律上位置付けられました」と記され、生徒指導の基礎として「児童生徒の権利の理解」「こども基本法」が位置づけられたのです。こども基本法は理念法として、教育基本法と並んで効力がありますし、こども家庭庁は勧告権を持っていますので、文科省としてもこれまで以上に子どもの権利の擁護を実現しなければならなくなったのです。

子どもの権利があたりまえのように擁護される国に向けて、ようやく一歩を踏み出したことの表れといえるでしょう。

なぜこども基本法が実現したのか

時間がかかってしまったものの、こども基本法とこども家庭庁という抜本的なこども政策の改革が実現したのは、ひとえに公明党の働きがあったからです。

二〇二一年十月に行われた衆議院選挙において、公明党はこども基本法を公約に掲げて選挙戦を勝ち抜きました。あのとき、こども基本法を掲げて選挙戦を戦った主要政党は、公明党だけでした。私も二〇二一年十月の衆議院選挙の各政党公約分析の中で公明党について次のように指摘しています。[3] 当時はまだ「子ども基本法」と呼ばれていました。

「子どもの虐待死・自殺死の増加、学校・園での性暴力や体罰・暴言も改善しないでしょう。これらの行為は、子どもの尊厳と権利を理解しない大人たちによって行われており、その改善のためには、子どもたちの尊厳と権利を守る法である『子ども基本法』の成立が必要な状況にあります。

与党・公明党は子ども基本法をすでに公約に掲げており、野党も同様の公約を打ち出す可能性が高いと判断しています」

　こども政策の改革による〝こどもまんなか社会〟の実現にとって極めて重要なのは、こども基本法の施行とこども家庭庁の発足がセットで行われた点です。

　こども家庭庁の議論を始めたのは自民党議員有志によって構成された「Children Firstのこども行政のあり方勉強会」です（当初は「こども庁」と呼ばれていた）。こども基本法については、同勉強会の共同事務局を運営しておられる自由民主党山田太郎議員も、著書の中で「困難を極めた」とご苦労を語られています。[4]

　もし仮にこども家庭庁の発足のみが実現していたとすれば、子ども若者の権利を基盤とするこども政策の実現には必ずしもつながらなかった可能性もあります。なぜなら、前述した一九九二年の宮沢喜一内閣の答弁以降、「日本の子どもの権利は守られている」という建前を、自民党右派が主張する可能性があったからです。

　こども基本法ができたからこそ、二〇二三年十二月に岸田文雄総理が宣言したとおり「子ども若者は権利の主体」であるという認識に日本政府が立ち、[5]財源の確保にも動くことになりました。こども家庭庁が、ヒトとカネも確保でき、子どもの権利を基盤とした政策を展開できているのは、こども基本法が基盤となっているからです。公明党が一貫して

「こども基本法とセットで」と訴えていたことは極めて的《まと》を射《い》た政策論でした。

こども基本法・こども家庭庁体制は、教育基本法・文部科学省体制との連携で、子ども若者の権利と最善の利益をより良く実現することが期待されます。先述の校則の見直しのみならず、文科省は教育振興基本計画（教育基本法の理念の実現と、教育振興に関する施策の総合的な計画）にも、こども基本法やそれにもとづくこども大綱を踏まえる旨を明記していますさらに、こども大綱には教育振興基本計画を踏まえる旨が明記されており、こども政策と教育政策とのいっそうの連携が期待されます。

実際に、二〇二三年三月には「誰一人取り残されない学びの保障に向けた不登校対策」（COCOLOプラン）として、「多様な学びの場、居場所を確保」する方針や、時として校長のいやがらせで認められなかった、子ども若者の「自宅等での学習を成績に反映」する方針などが明記されました。子ども自身への学びの保障が重視されることで、学校復帰が子どもたちに強制されず、国としては不登校対策が進みやすくなってきています。二〇二三年十月に不登校当事者への差別発言をした滋賀県東近江市長のような、心ない政治家のいる地方自治体への浸透は課題ですが。

またイギリスには、子どもと接する職業に就く際に、性犯罪歴がないことを証明する

「DBS（Disclosure and Barring Service）」という仕組みがあります。かねて日本でもこのDBSの導入に関する議論が行われてきましたが、こども基本法・こども家庭庁体制がスタートした今、「こども性暴力防止法」として実現に向かっています。

日本版DBS導入に関する従来の議論の推移を見ていると、わが国の法理（法律の原理）は不思議だと言わざるを得ません。たとえば、二〇二二年に施行されたわいせつ教員対策法を受けて、経済産業省が民間でも性犯罪歴がある大人を子どもに近づけないようにDBSを導入するべきだと言うと、法務省からは犯罪者の職業選択の自由はどうなるのか、と反論があるのです。大人ばかりを対象としてきた日本の法理・法学には、子どもに関する理論、知見が存在していない、と言われても仕方がない状況です。本来は、社会的弱者の権利擁護が優先されるというのが、法理・法学の基本のはずなのです。

このようなおかしな法理が、こども基本法ができたことによって、今後は変革されることも期待されます。法務省も司法の現場も、こども基本法第三条にある「こどもの最善の利益を優先して考慮する」との規定を遵守しなければなりません。一足飛びにすべてが進展するわけではありませんが、こうしてようやく流れが変わりつつあるのです。

校則の見直しや日本版DBS導入の議論の加速は、別々の事象ではありません。こども基本法・こども家庭庁体制の構築によって芽吹き、少しずつ育ち始めている同じ根っこを持つこども政策の整備のプロセスなのです。

自民党だけでこども政策を進めていれば、こども基本法・こども家庭庁体制は構築できなかった可能性もあったでしょう。一貫してこども基本法とこども家庭庁はセットで実現するべきだと訴えてきた公明党が、いかに子どもの権利を深く理解していたかが証明されたように思います。

公明党が子どもの権利について深く理解できるのは、国・地方の議員や党職員の方もが一様に〝普通の国民の感覚〟を持っているからだと私は考えています。国会議員や地方議員は、あくまで国民や地元住民の代表です。普通の人々の目線に立って社会課題を見つけ出し、その解決のために奔走する。私が知る公明党の議員は皆、そうした姿勢を貫いています。だからこそ、社会的弱者でもある子どもの権利を深く理解できるのでしょう。

こども政策に権利意識を根付かせるために

日本が子どもの権利条約に批准した一九九四年当時、私は京都大学教育学部の学生でした。子どもの権利条約の批准は京大教育学部でも大きな話題となり、これで子どもや若者の権利が重視され、学校でも子どもの権利侵害が減少したり、子ども若者の権利擁護が日本でも進展するだろうと漠然と期待感を抱いたことを今でも鮮明に覚えています。しかし現実には先述のとおり、日本の子ども若者政策は一向に進まないどころか悪化してきました。特に若者の社会環境はますます悪化していったのです。

私の二歳下の弟が大学を卒業するタイミングは、まさに就職氷河期でした。その後も氷河期は続くこととなり、若者が冷遇される時代が到来します。国立大学も私立大学も授業料がどんどん引き上げられ、奨学金の返済免除制度もなくなり、非正規雇用は拡大していきました。

子どもたちもまた、過酷な環境を強《し》いられることになります。児童虐待は深刻化し、二〇〇〇年以降には児童虐待防止法や児童福祉改正法、子ども・若者育成支援推進法、子どもの貧困対策法が順次成立します。これらが先に述べた個別の対症療法です。膝《ひざ》をすりむいたらその傷を手当てして、おでこが腫《は》れたらそのおでこを手当てする。そもそも、膝をすりむいたり、おでこを腫らさなくて済む根本対処が必要なのに、いつまでも子ども若者の権利を認めず、政府が投資もしない。

そうした対症療法ばかりの政府の姿勢は、子ども若者を民主主義社会の重要なステークホルダー（利害関係者）として位置付けていないことの証左と言えます。

私がそのことを痛感したのは、二〇一九年六月の子どもの貧困対策法改正の時でした。同法が議員立法で成立したのは一三年六月。多くの法律がそうであるように、五年見直しのタイミングで改正を行ったのです。私は子どもの貧困対策を行う公益財団法人「あすのば」の理事として、一八年から超党派の子どもの貧困対策推進議員連盟に対して、同法改正に関するさまざまな提言をしていました。そこで実感したのが、個別法を一つ一つ整備する対症療法だけでは、いつまで経っても日本のこども政策に子ども若者の権利を根付かせることはできないということだったのです。

当時の私の意見に耳を傾けてくれたのが、子どもの貧困対策推進議員連盟（会長・田村憲久衆議院議員）の与野党議員の皆さんでした。公明党では古屋範子衆議院議員が、子どもの貧困対策推進議員連盟において中核的な活動をしていただいています。古屋議員は同法の改正に限らず、一貫して子どもの貧困対策にご尽力いただいています。

関西に住む高校生が頑張って小論文を書いて応募した学習支援団体の海外派遣プログラムに選ばれたところ、それは生活保護世帯の高校生にはふさわしくない、生活保護世帯の高校生が海外に行くなんて贅沢だという理由で、市が生活保護費を減額しようとした事件がありました。公益財団法人あすのばが、当時厚生労働副大臣を務めておられた古屋議員に相談したところ大変驚かれ、急いで厚労省の担当者をご紹介くださいました。厚労省から市に海外派遣プログラムは贅沢ではなく、子どもの自立につながる大切な経験なので、生活保護費減額は不適切であると対応いただいたことがありました。

厚労省の官僚や厚労族といわれる国会議員たちは、政党を超えて子どもの権利に関する思いと理解が深いと捉えています。二〇一六年児童福祉法改正において国内法ではじめて子どもの権利が具体的に規定されたことが、その証左です[6]。

自民・公明や与党・野党といった違いにかかわらず、厚労行政にかかわる人々の多くは、子どもの権利への理解が深く、具体的な政策、行政につなげる意思と実績をお持ちの人々なのです。当時は個別法の整備という対症療法にとどまっていましたが、それでも子どもの貧困対策に関しては、超党派で応援しようという動きがあったのは重要なことでした。

また、子どもの貧困対策改正法のプロセスで痛感したのは、一つの法律でさえ改正することにたいへんな労力を要することでした。

二〇一九年子どもの貧困対策法改正以前の私は、立法のプロセスに関して教科書的な知識しか持ち合わせていませんでした。同法改正に取り組むなかで、政治学のテキストで知るだけだった内閣法制局の人々を目の当たりにしたときの感慨は、今もはっきりと覚えています。私は「あすのば」の理事としてロビイング（政治への働きかけ）を通じて、子どもの貧困対策議連の与野党議員の動き、内閣法制局の法改正に際しての役割やロジック、法に盛り込む指標をめぐっての内閣府・文部科学省・厚生労働省との交渉と攻防など、実践的な立法知識を得ることができました。

権力者が子どもの権利を簡単に侵害する日本

振り返ってみると、二〇一九年六月の子どもの貧困対策法改正によって対症療法の限界を痛感したことが、その後のこども基本法・こども家庭庁体制の構築の端緒の一つです。私個人の決意を決定的にしたのは、冒頭にも述べたコロナ禍初期の一斉休校と公園の遊具使用禁止でした。一斉休校で奪われた「学ぶ権利」、遊びによっても支えられる「育つ権利」の侵害を目の当たりにし、これを許していてはいけないと強く思ったのです。

今も忘れない光景があります。安倍晋三総理（当時）が一斉休校を発表した会見を、私は自宅のテレビで見ていました。当時小学校四年生だった長女が安倍首相の言葉を聞いて泣き始めたのです。就学期の子どもたちの時間は、一瞬一瞬がかけがえのないものです。権力者が一方的に一斉休校を宣言し、未来を担う子どもたちを深く傷つけることに思いを馳《は》せることができないこの国に絶望するとともに、ここまで子どものことを簡単に傷つける国なのかと、怒りがこみ上げてきました。

同じ時期に一斉休校を検討していたイギリスでは、政府と校長会が協議し、虐待などから子どもたちの安全を守ること、エッセンシャルワーカー（人々の生活を支えるために必要不可欠な職種に従事する労働者）や貧困層の子どもたちは学校・園が責任をもって預かること、食の支援もすることなどを、子どもたちにもプロセスを開示しながら一斉休校が決定されました。イギリスこども基本法にもとづき、コロナ前から子どもたちの権利擁護のための政府の相談・対応機関（こどもコミッショナー）が整備されていたことも日本との大きな違いでした。

わが子だけでなく、日本中の子どもたちを傷つけさせないためにはどうすればいいいか。二度と権力者に子どもの権利を侵害させないための法制を整備するしかない——そう覚悟を決めた瞬間でした、一斉休校を急に決めるのはよくない、大好きな友達と先生と、少しでいいのでお別れの時間を確保してほしい、長女は安倍総理と萩生田《はぎうだ》光一文部科学大臣（当時）に手紙を書きました。安倍総理からはお返事はありませんでした。いっぽうで拙速な一斉休校に反対してくださった萩生田大臣からは、「いただいた意見にはすべて目を通しています、重く受け止めています」とお返事がありました。(7)

後に述べますが九月入学騒動の時には、浮島《うきしま》智子衆議院議員をはじめ公明党が子ども若者や保護者の不安を聞き、その声に寄り添っていただいたことで、官邸が暴走を止めました。子どもたちのことを本当に大切に考える為政者は、子どものたちの権利を尊重する姿勢が当たり前のことになっていたのです。

私がこども基本法を作るしかないと覚悟を決める少し前のことでした。二〇一九年に日本財団がこども基本法の勉強会を立ち上げ、二〇二〇年九月に提言が公表されたのです。(8)日本財団・子どもの権利を保障する法律および制度に関する研究会委員には「広げよう！子どもの権利条約キャンペーン」の共同代表である甲斐田《かいだ》万智子氏が委員として参加されていました。実は私が理事を務める公益財団法人あすのばも「広げよう！子どもの権利条約キャンペーン」の賛同団体だったのです。こども基本法を作るためには、甲斐田さんのお話を聞くといいと、子どもやマイノリティの権利実現のために活動されてきた明智《あけち》カイトさんにご紹介いただき、二〇二〇年の暮れにお話をすることができました。思いは同じでした、今こそ日本にこども基本法を——民間発の動きはこうして始まりました。

もちろんそれ以前からも、子どもの権利条約の精神を具現化するためのさまざまなアクターは存在していました。いわゆる革新勢力も、彼らなりに、子どもの権利条約の精神がこの国では法制化されていないことを批判していました。

私は二〇一四年から内閣府の有識者会議で委員を務めてきました。当時は「子どもの貧困対策と言っても、いったい何から始めればいいのか」という状況でした。その後、自治体の調査や計画策定にもかかわりながら、政策のバリエーションが増えたり、支援団体も増え活動の質量も広がっていきました。それでも子どもの貧困の抜本的な解決には至らず、刻々と時間だけが経過しました。

そうしたなかで、子どもの貧困対策法改正の議論をしていたあたりからコロナ禍初期にかけて、つまり二〇一九年から二〇二〇年にかけて、子ども若者の悲痛な声、そして現場で子どもとかかわってきた人たちからの切実な声が、最前線で活動する研究者や団体にこれまでになく届いてきたのです。

もはや右も左も、保守も革新も、関係ありませんでした。ゆえに、このテーマに関してはあらゆる差異を乗り越えて、大同団結できるようになった。その結果が、こども基本法に結びついていたのです。

もちろん、個別の法律にまったく意味がないわけではありません。それぞれの法律に意味はあるものの、それらを総合的に機能させ、子ども若者の幸せを中心に据えた社会を構築するためには、こども基本法が必要だったのです。対症療法ではなく根治治療が、もっと言えば、そもそも病気にならないための予防医療が必要なのです。それがこども基本法の役割だと私は考えています。

こども政策・教育投資のモデル国としてのイギリス

教育財政に関するイギリスとの比較研究は私のライフワークの一つです。イギリスでは、一九九七年から二〇〇七年までのトニー・ブレア政権の時に教育政策が大きく変化しました。具体的には、DBS（性犯罪者前歴確認制度）を含めた子どものセーフガーディング（安全保護）の施策が大きく前進する転機となったのです。ブレア首相が「教育、教育、教育」

と語った映像を見た記憶がある方も少なくないはずです。

ブレア首相の改革とは、つまりこういうことでした。まず地方分権の仕組みを一気に中央集権に戻して、政府が各地域の学校に財政支援を行います。そのときに、貧困層や移民、障がい児など、支援を必要とする子どもたちに手厚く配分をするのです。

とはいえ、ブレア首相は新自由主義の政治家ですから、単に福祉的な分配を手厚くするだけでは終わりません。それぞれの教育機関が提供する教育の質などを厳しく評価する監査機関「オフステッド（Ofsted）」の機能が強化されたのです。これは国際的に悪名高い仕組みと言われてきました。

ただし、このオフステッドはその後もどんどん機能を拡張して、今では各学校を評価するためだけの機関ではなく、犯歴登録などのセーフガーディングの仕組みを運用する機関になっているのです。ゆえにＤＢＳはオフステッドなしには語れない部分があるのです。

具体的なことを言えば、犯罪歴こそないものの保護者や学校にことわりもなく勝手に子どもと会う約束を取り付けようとした学校ボランティアの大人がいるとします。子どもとかかわる現場からすれば要注意人物です。オフステッドには、そうした情報も集まってきます。

日本版DBS（こども性暴力防止法）の実装に向けた議論がまだまだ進歩する必要があるのは、こうしたオフステッドのような機関のことが関係者に広く共有されていないからです。こうした制度設計には丁寧な論議が必要とされ、全体観なしに小さく進めてしまうと子どもたちを守り切れない可能性もあるのです。

かくいうイギリスも欧州の他の国に比べると、子どもの権利が守られていない国と言われています。学校の校則は厳しく、受験制度も相当に厳格であるため、日本と同様に国連・子どもの権利委員会から過去に何度も勧告を受けています。それでも、貧困層や移民、障がい児などの支援が必要な子どもたちの権利を積極的に擁護する政策を実現しているのです。

ひとり親が無理に働かなくてよいイギリス

イギリスはひとり親にも手厚い支援が行われています。ひとり親が無理に働かなくても暮らしていけるように、児童手当（チャイルドベネフィット）や子どもも大人も学生も利用できるユニバーサル給付が得られます。両国の主要なこどもの貧困・ひとり親指標・施

	小学生1人・中学生1人を育てる 低所得シングルマザー世帯が利用できる支援制度（月額）	
	日本	イギリス
ひとり親世帯貧困率	44.5%	28.1%
ひとり親世帯就労率	86.3%	69.4%
児童手当	子ども1人につき　1万円	第1子　月2万円 第2子　月1.3万円
児童扶養手当	第1子　4万4,140円 第2子　5万4,560円	
ユニバーサル給付		大人　59000円 子ども1人につき　55000円
支援制度合計（月額）	**118,700円**	**202,000円**
保育・教育関連	低所得向け0-2歳保育料の軽減、保育料無償化就学援助制度、高校・大学無償化	保育・義務教育（16才）まで無償化、低所得層には年2000 £（38万円）の育児サービス無料、通学に要する交通費無償化、放課後活動の償還制度等
その他		低所得世帯向けの就労訓練手当、電気代割引、居住費支援、心身疾患がある場合の所得補助制度等

策を比較すると上の表のようになっています。行政が親に就労を強要することはなく、子どもたちのケアや児童虐待防止など、子どもの守られる権利や育つ権利が優先されています。それゆえに児童扶養手当や生活保護へのアクセスもしやすくなっているのです。

有名な事例で言えば『ハリー・ポッター』の作者であるJ・K・ローリング女史は、まだ作家としてデビューする前の若いころにひとり親の時期があり、ユニバーサル給付の前身に当たる支援を受けていました。無名の作家だとしてもカフェで小説の執筆ができる。イギリスのひとり親の支援は手厚く、日本のような過酷な差別はありません。

ひとり親の支援は、親だけでなく子どもの権利を守るためにもとても重要です。親が無理に働いて心身がボロボロになれば、虐待やネグレクト（育児放棄）のリスクが高まります。イギリスにはそれを防ぐ仕組みがある一方、日本はまだまだ不十分と言わざるを得ません。

日本においてひとり親の大変さに衆目が集まった一つのきっかけは、社会保障研究者の阿部彩《あや》氏が二〇〇八年に刊行した『子どもの貧困——日本の不公平を考える』（岩波書店）でした。翌〇九年に民主党政権が誕生し、子どもの貧困対策が政治課題化される流れができました。

自公政権へと政権交代した後も、子どもの貧困問題に政府として取り組まなければという流れは続きます。二〇一三年に子どもの貧困対策の推進に関する法律が成立し、私は内閣府の有識者会議で委員を務めることになったのです。

問題の本質は「子どもの権利が侵害されている」こと

イギリスとの比較研究で得た知見から、もう少し補足しておきます。先述した「対症療法か、根治治療か、予防医療か」という話にかかわることです。

私自身も比較研究を進める前は、子どもの貧困や虐待などを個別の問題として捉えていました。しかし、イギリスをはじめとしたＯＥＣＤ（経済開発協力機構）諸国のこども政策を見ていると、そうではないことがわかってきたのです。

子どもの貧困や虐待というのは、あくまで目に見えている個別の事象であり、実はそれらの問題の本質は「子どもの権利が侵害されている」ところにあるのです。貧困であることで、あるいは虐待を受けていることで、子どもらしい生活が奪われてしまい、幸せが保証されていない。だからこそ、個別の問題を解決するためには子どもの権利の視点からアプローチをしなければならない。ＯＥＣＤ諸国のこども政策の基盤には、そうした子どもの権利への意識があるのです。

イギリスにおけるひとり親の支援を見てみると、やはりまずは所得再分配が機能しています。そのうえで、生活保護や児童扶養手当の基準が厳格過ぎず、ある程度の困難を抱えている人たちに門戸《もんこ》が開かれているわけです。これが、私が言う根治治療や予防医療です。

他方、繰り返しになりますが、これまでの日本のこども政策は対症療法でした。しかも、その対症療法は、本来なら縫合手術をしなければならない傷に対してひとまず絆創膏《ばんそうこう》を貼るといった程度で、決して十分とは言えないものでした。EBPM〈裏付けとなる事実〈エビデンス〉にもとづく政策立案〉は行われず、権力者の思いつきやエピソードにもとづいたその場限りの政策を積み重ねてきてしまったのです。

繰り返される子どもへの人権侵害

日本でこども基本法・こども家庭庁体制が構築されるまでにこれほどの時間がかかった理由として、宮沢政権下における外務省条約局長が残した国会答弁を紹介しました。子どもの権利に関する意識が薄いのは、何も政治や行政の世界だけではありません。日本では今なお、多くの学校でまともな人権教育が行われていないのです。

現時点で、日本でまともな人権教育を受けられているのは一部の自治体の子どもたちだけです。なぜなら人権教育はそもそも、学習指導要領において教科横断的なカリキュラム（教育内容・学習目標）にさえ位置付けられていないからです。そもそも人権というのは、道徳の時間でだけ学べばよいというものではありません。社会や国語など、さまざまな科目に密接にかかわっているのです。たとえば、最近の子どもたちが保健体育の時間に学ぶデートＤＶ（交際相手の暴力）は、人権侵害にかかわるテーマになります。

家庭内でＤＶが起きていたらどうするのか。あるいは、自分や友達が性被害に遭ったらどうするのか。そうした日常に起きうるトラブルと子どもの人権は密接にかかわっています。しかし、この国では教科横断的な人権教育のプログラムはほとんど存在していないのです。

その最大の理由は、大人たち自身が権利について学んでこなかったからです。これまでに多くの学校の先生方に「人権そして子どもの権利はどうして大事だと思いますか」と尋ねてきましたが、残念ながらまともに答えられた人はほとんどいませんでした。学校の先生といっても、自分たちが知らないことを子どもに教えられるわけがありません。日本ではそうした状況が、脈々と受け継がれてきたのです。

二〇二三年はジャニーズ性加害問題に注目が集まりました。貧困や虐待と同様に、これもまた子どもの人権が侵害された事件です。事件そのものの悪質さに加えて、性加害が長年にわたって隠蔽《いんぺい》されてきたのは、まさに大人の側の人権意識が希薄だったからです。

驚きを禁じ得ないのは、いまだに子どもの権利に反対する勢力が日本社会に存在することです。たとえば、自民党の保守派の一部には、「子どもに権利を教えたらわがままになるだけだ」「性教育で性交を教えたら、子ども・若者の性が乱れる」といったことを主張する人たちがいます。

日本における性教育に関して補足すると、中学一年時に男女の体の成長過程や、受精などを学ぶことになっています。ところが、学習指導要領に「妊娠の経過は取り扱わないものとする」と定められているため（通称「はどめ規定」）、教科書には「性交」についての記述がまったくないのです。

この「はどめ規定」の背後にあるのが、先述の「性教育で性交を教えたら、子ども・若者の性が乱れる」という考え方といえるでしょう。これは看過できない詭弁《きべん》です。実際には、性教育で性交を教えないから、性のことを正しく理解できず、性暴力や望まぬ妊娠などが蔓延《まんえん》してしまっているのが現実なのです。

子どもの権利を社会に根付かせるためには、まずは大人自身が権利を学ばなければいけません。とりわけ必要なのは、大人は子どもに対する人権侵害の加害者となりえてしまうという、大人側の自覚です。この自覚がないがゆえに、私たちの社会は子どもに対して今もなお平気で人権侵害を繰り返してしまっているのです。

スピードに表れた公明党の本気度

コロナ禍の初期に、こども基本法の成立に向けて覚悟を決めたものの、当時の私は目の前のやるべきことに追われていました。当時の目下《もっか》の課題は、雇い止めなどによってその日の食事すら事欠くような親子の支援でした。雇い止めのほかにも、学校が一斉休校になったことで、満足に働きに出られなくなった方も少なくありませんでした。

大変な思いをする人々には、まずは給付金などで手当てをするべきである。そうした切実な声を受け止めてくださったのも、やはり古屋範子議員はじめ公明党の国会議員でした。

こども基本法の成立に向けた取り組みがなかなか進展しないなか、当時は、むしろ子どもの権利をないがしろにするような乱暴な議論がメディアで飛び交っていました。感染拡大の波が押し寄せるたびに話題になる休校措置や九月入学への拙速な改革論議などです。

さらには、二〇二〇年暮れに決定された児童手当の所得制限など、政治もメディアも私の問題意識とは正反対の方向へ進んでいったのです。

もちろん、すべての事柄に対して一つ一つ私は反対の意思を示しました。一つ一つに反論するのはかなりの労力が必要で、とても疲弊《ひへい》しましたが、そうしたことの積み重ねによってこども基本法への思いは日に日に強くなっていきました。

前述した、「広げよう！ 子どもの権利条約キャンペーン」の甲斐田万智子共同代表は、その政治的な立ち位置から、自民党の保守派の一部や、彼らとつながりが強い右派思想家などから批判されていますが、直接会ってみるときわめて穏健で対話的な方でした。私が理事を務める「あすのば」は「広げよう！ 子どもの権利条約キャンペーン」の賛同団体ではありますが、一緒に活動してきたわけではありません。それでも対話を通じて、子どもの権利の国内法が今こそ必要だとの考え方で一致し、ともにロビー活動をすることになったのです。

二〇年末に甲斐田さんと意見が一致してからは、すぐに行動に移りました。私たちは、年が明けた二〇二一年一月十三日に、古屋議員と面会し、子どもの貧困対策法改正の際に実感したことや、コロナ禍初期から感じていたこと、考えていたことを率直にお話ししました。「コロナ禍の大変な時だからこそ、こども基本法を作りたいんです」と。

古屋議員は私たちの話を真剣に聞いてくれ、公明党の女性議員の皆さんがこれまでに取り組んできたこども政策の話をしたあと、こども基本法について「ぜひ一緒にやっていきましょう」と応じてくれました。

心強かったのは、古屋議員がその場で、考えられる範囲の具体的な方針を示してくださったことでした。この問題は、自民党ともきちんと連携をしながら進めなければならない。そのために、自民党のしかるべき立場の皆さんと問題意識を共有しつつ、まずは公明党のなかで勉強会を持つようにする、と。

私たちが古屋議員のもとを訪ねたのは一月十三日。驚いたことに、古屋さんがおっしゃった「勉強会」は、そのおよそ二カ月後の三月十六日から同党の女性委員会が主催するかたちでスタートしました。今思えば、このスピードに公明党の本気度が表れていたのでしょう。

二一年三月といえば、東京都こども基本条例の可決・成立が話題になりました。怒号が飛び交うなか明け方に採決されるという、都議会ではよくある光景でしたが、特筆すべきは都議会自民党ですら、その成果を自らの手柄としてアピールしていた点です。本当は、松葉多美子さんはじめ公明党都議会議員団の、各政党会派への粘り強い働きかけがあったのですが。このころには、それほどまでに子どもの権利への関心が高まりつつあったのです。

しばらくすると、自民党の塩崎恭久衆議院議員(当時)が、こども基本法の制定に向けて動き出したいとおっしゃっている、という話を耳にしました。塩崎議員は、厚生労働大臣として二〇一六年児童福祉法改正に、子どもの権利条約を規定した実績の持ち主です。「子どもにやさしい国」を目指す政治家としての強い信条を実現されたのです[9]。

塩崎議員が厚生労働大臣を務めておられたころに、同副大臣を務めていたのが古屋議員です。自民党ともきちんと連携をしながら進めていく、との言葉どおりに、古屋さんが自公連携のなかで着実に話を進めてくれていることを実感しました。また、公明党女性委員会での勉強会では、参加議員の皆さんが本当に真剣に私たちの話を聞いてくれ、そこでも同党の本気度を実感することになりました。

実効力あるこども政策を実現するために

自民・公明両党の連携については、私がロビイストとして感じていたことも率直に書いておきたいと思います。ロビー活動は各政党の政策に対するスタンスなどをよく理解したうえで行います。少なくとも二〇二一年初頭の時点では、私たちは諸々の状況を鑑《かんが》みて公明党にのみ、こども基本法・こども政策をめぐってのロビー活動を行いました。

もちろん、与党の大勢を占める自民党にも働きかけるという選択肢もあったのですが、結果的にそれはタイミングをみて行うことにしました。その理由は、先にも少し触れた、自民党右派が抱く子どもの権利に対する考え方をふまえたうえでの判断でした。都議会自民党が条例の成立を手柄にしたがったとはいえ、まだまだ自民党としての先行きが見通せていませんでした。私たちが下手に自民党に働きかけてしまうと、誤解ゆえの反発に遭ってしまうかもしれない。ゆえに、まずは公明党に先導してもらい、古屋議員から厚労族のルートで自民党に働きかけてもらったほうがよい、と考えたのです。「連立を組む公明党が言っているんだから仕方ない」といったかたちで自民党が動き始める、という過程を理想として思い描いていました。

したがって、こども基本法等をめぐる当時の自民党側の動きについて、私はつぶさには知り得ませんでした。しかし、言うまでもなくこども基本法・こども政策は私の最大の関心事であり、同党の関連情報は常にリアルタイムで集めていました。たとえば『こども庁―「こども家庭庁創設」という波乱の舞台裏―』（山田太郎著／星海社／二〇二三年）には、自民党側のそのころの動きが書かれています。

こども家庭庁の創設を目指す「Children First〈チルドレンファースト〉の子ども行政のあり方勉強会」を自民党が立ち上げたのは、二〇二一年二月。公明党女性委員会が勉強会を始めるのとほとんど同じ時期でした。

自民党の勉強会はその後、三月十九日に「『こども庁』創設に向けた緊急提言」を発表しました。そして、四月には同年十月に行われる衆議院選挙の公約にこども庁の創設を盛り込む旨が報道されます。

自民党の勉強会の緊急提言では、こども政策の予算倍増のための八兆円増額や、子どものSOSを全国各地で受け止めるワンストップ相談体制の確立、子どもの意見表明を促《うなが》すアドボケイトの促進、保育士処遇改善と社会的地位向上などが挙げられていました。どれもきめ細かな提言で、同党の本気度がうかがえました。

この流れを主導した山田太郎参議院議員に直接話を聞いてみても、自民党の中でこうした政策を実現していくことの難しさもわかったうえで、日本で子どもの権利をなんとか実現したいという思いが伝わってきました。

ただし、同時に懸念していたことがあります。それは、仮にこども家庭庁が創設できたとしても、こども基本法がなければヒトとカネは確保できず、実効力のある政策はできないだろうという懸念です。省庁をつくったものの中身が伴わないという話は大いにあり得ます。また、ヒトとカネを確保せずにこども庁だけを創設するというのでは、一部の自民党幹部や官邸にとっての〝票取りの道具〟にしかなり得ない、という懸念もありました。

だからこそ、私たちは公明党にこども基本法の成立を期待したのです。そして公明党は、私たちの期待に見事に応えるかたちで、選挙公約にこども基本法を掲げたのです。

同年の五月くらいだったと記憶しています、公明党の公約を見たときには心から驚きました。文字どおり、こども基本法実現に真正面から挑んでくれている。その心意気に感銘を受けました。

専門家として示した三大綱の一本化

公明党のなかで、こども基本法の構想を具体的に練ってくださったのは、山本香苗《かなえ》参議院議員が中心だったと私は認識しています。山本議員は、二〇一四年に発足した第二次安倍改造内閣で厚労副大臣を経験しています。

ただ当初は、山本議員がその中心だったことを知らず、こども基本法が国会に法案提出される少し前の段階で状況を知ることになりました。政策やアイディアの実現が政治のフェーズに移った際にロビイストにできる最善の仕事は、余計な動きをせず邪魔をしないことだからです。そのうえで、趨勢《すうせい》が危ういと感じたときのために準備をしておくのです。したがって、公明党内でどのような議論がなされたのか、自公でどのような連携が行われたのか、といったことの詳細を私は知り得ませんでした。

しかし、その後の結果を見る限り、公明党の働きによって、こども家庭庁設立とこども基本法成立がその実現に向けて大きく前進したことは言うまでもありません。二〇二一年十月に行われた衆議院選挙で公明党が主要政党で唯一、こども基本法を公約に掲げ、熾烈《しれつ》な選挙戦を勝ち抜いた。そこで民意が示された以上は、自民党としてもそれを無視することができなくなった、というのは紛れもない事実です。

岸田文雄新政権が発足したのは、その衆院選の直前でした。菅義偉《よしひで》前政権は、こども家庭庁の設立につながるこども政策の有識者会議を新政権への置き土産としました。私はその有識者会議の一員ではありませんでしたが、専門家として一度、ヒアリングを受けました。

私はそこで次のような話をしました。こども家庭庁とこども基本法をセットで実現するのであれば、基本法に政府のこども施策の基本的な方針を定める「こども大綱」を策定しなければならない。このこども大綱は、「少子化社会対策大綱」「子ども・若者育成支援推進大綱」「子どもの貧困対策に関する大綱」を単に一本化するだけでなく、子ども若者の権利を基盤にバージョンアップしたものでなければならない[10]、と。

こども大綱は二〇二三年十二月に閣議決定され、岸田総理が「子供・若者を権利の主体と」するとその際に明言しました[11]。子ども若者の権利を基盤とした、体系的なこども政策への第一歩を踏み出したことには間違いがありません。

いっぽうで、三大綱のうち「子ども・若者育成支援推進大綱」「子どもの貧困対策に関する大綱」は、こども大綱で大きな打撃を受けました。

こども大綱は、こども若者の権利と最善の利益を最前面に掲げたのはよかったのですが、作り手であるこども家庭庁の「上から目線」により、もともと支援の薄かった若者、貧困状態の子ども、虐待被害を受けている子ども若者など、弱い立場の子ども若者が置き去りとなってしまったのです。[12] 目玉とされていた、子ども若者の意見表明にも大きな課題を残しています。[13] こども家庭庁のこうした「上から目線」でより大変な状況の当事者に寄り添えない姿勢については、こども家庭審議会の各部会で非難を浴びています。

今後のこども家庭庁の立て直しに際しても、与野党とくに、こども基本法成立に中心的な役割を果たしてきた公明党が大きな役割を果たすことが期待されます。

岸田政権下で署名活動へ

自民党総裁選挙によって第一次岸田内閣が発足したのは二〇二一年十月四日。その後、解散総選挙が十月三十一日に行われ、翌十一月十日に第二次岸田内閣が発足します。政治の流れとして明らかに不自然だったのは、岸田政権が発足したあとにこども政策に関する動きがぱたりと止まってしまったことでした。

こども家庭庁発足に向けての有識者会議は定例で開かれていたものの、こども基本法の趨勢がまったく読めなくなった時期があるのです。これは私だけが感じたことではなく、『こども庁―「こども家庭庁創設」という波乱の舞台裏―』（前掲書・第七章）にも、同様の指摘がされています。

そのときに私が懸念していたのは、やはりこども家庭庁だけがつくられるかもしれない、ということでした。さすがに菅政権の置き土産である以上は、こども家庭庁は発足させるだろう。ただし、やると決めたら強いリーダーシップを発揮する菅前首相と異なり、岸田首相は多方面に気を遣《つか》われるタイプの方です。自民党保守派の人たちの声が大きくなれば、そこに気を遣ってこども基本法がなかったことにされるかもしれない――私は、そんな懸念を抱いていたのです。

趨勢《すうせい》が危ういと感じた私はまず、有識者会議の複数の委員の方々に働きかけることにしました。なかでも効果的だったのは、学習院大学教授で東京大学名誉教授の秋田喜代美先生が、明確にこども基本法の必要性を訴えてくださったことでした。委員を務められていたＮＰＯ法人「Learning for All」の李《り》炯植《ひょんしぎ》代表理事からも、こども基本法の必要性を訴えていただきました。「Learning for All」と「あすのば」は、常日頃から子ども若者の貧困対策のために連携している間柄です。

有識者会議の委員への働きかけと同時に手を打ったのは、こども基本法の成立を求める署名です。この署名は研究者である私が個人として立ち上げた「こども基本法の成立を求めるPT」が中心となって進めました。呼びかけ人には秋田先生のほかに、認定NPO法人「フローレンス」の駒崎弘樹会長や日本若者協議会の室橋祐貴代表理事、熊本大学の苫《とま》野《の》一徳教授、NPO法人「School Voice Project」の発起人である武田緑氏、そして私の六名が名を連ね、認定NPO法人「児童虐待防止全国ネットワーク」の高祖《こうそ》常子理事をはじめ多くの方々にご協力をいただきました。

署名についての議論を始めたのは二〇二一年十一月ころでした。はじめは室橋さんや駒崎さんと協議を始め、志を同じくしていただける皆さんに順にお声かけをしました。事務的なことについては、これまでにもさまざまな署名活動を行ってきた経験とノウハウがある室橋さんにお願いすることにしました。実際に署名を始めたのは、翌二〇二二年の一月でした。

なかでも大きかったのは、やはり秋田先生が呼びかけ人になってくださったことでした。

秋田先生はこれまでに政府のさまざまな審議会の議長を務めてこられた方です。そのお立場から、滅多にロビー活動に参加されることはありません。しかし、こども基本法は子ども若者のための特別な法律であり、これを成立させるためには自民党を動かさないといけないということは秋田先生もご理解いただいていたのです。室橋さん、駒崎さんのご尽力、そして秋田先生が呼びかけ人になってくださったおかげで、自由民主党「こども・若者」輝く未来創造本部・座長として、こども基本法・こども家庭庁設置法の検討をしておられた加藤勝信元厚労大臣とも面談の機会を得ることができ、こども基本法実現に向けての重要なステップになりました。

右派思想家との率直な対話

やはり自民党が動かないことにはこども政策は前に進まない。公明党の皆さんが丁寧に自民党との連携を深めてくださっていることは承知したうえで、私は私で、できることはやっていこうと考え、行動に移っていきました。

具体的には、二〇二二年の一月に署名活動を始め、二月に入ってからは与野党の議員の皆さんにできるだけお会いし、こども基本法の必要性を訴えたのです。記者会見やSNSでの発信も通じ、少しでも多くの国民・関係者にこども基本法の重要性を理解していただこうと発信しつづけました。

その中で、報道関係者や支援団体の方から、自民党の右派議員や教育学の右派思想家との対話の場をセッティングしていただいたことが、こども基本法成立の上で、非常に重要な場面となりました。

民主主義とは、すべての人々が等しく自由を持ち、尊厳と権利を守られることを重視する政治体制のことです。異なる立場の人々を罵倒《ばとう》したり、馬鹿にするのではなく、どのような相手も尊重し対話をしながら、お互いが納得できる方法を探すことが大切なのです。

対話をしてみると、意外なことに自民党の右派議員・思想家も、子ども若者の権利やこども基本法それ自体に反対しているわけではないことがわかりました。

では何に反対しているのか。二つの点が右派からの課題として挙げられました。

一つはこども基本法が大人たちによって恣意《しい》的に悪用されてしまう可能性です。確かに法律は悪用しようと思えばできてしまう可能性を常にはらんでいます。子どもの権利も、たとえばDV加害者によって、面会交流強制のための恣意的な主張に利用されている残念な実態もあります。だからこそ、一部のわがままな大人の恣意的な主張に利用されない、子ども若者自身の権利と最善の利益のための基本法であり、特に子ども若者自身の意見表明権と意見が尊重される権利が規定されたことがきわめて重要だと考えています。

もう一つの懸念は、こども基本法が家族を崩壊させようとする意図を持っているのではないかということでした。理論的に言えば、右派の伝統的家族観と、左派的な個人主義との政治イデオロギー対立に由来する懸念です。

家族は大切なものである、という価値観に共感する人も多いでしょうが、左派でなくとも虐待被害当事者にとって、家族は地獄であるということはよくわかります。私自身もヤングケアラーであり家族の大変さは身をもって経験していますし、虐待被害当事者にしばしばかかわってきた経験もありますが、今は親として子どもの権利を大切にした子育てをしています。

率直に対話してわかったことですが、自民党の右派議員や思想家はこども基本法を推進する勢力は、ことごとく日本共産党の関係者や支持者ばかりだという印象があったようです。政治的な左右の対立や、イデオロギーによる対立のなかでそのような考えに至るのは、なかば仕方のないことなのかもしれません。

しかし右派思想家とは同じ教育学を学んできた研究者同士でもありました。流石《さすが》だなと思ったのは異なる立場や年代の人々とも積極的に対話をされる姿勢です。互いに研究者として、子どもたちが幸せに成長できる日本にしたいとの思いが共有できたこと、とくに困難な状況の子どもたちの権利や最善の利益を大切にしたいという思いを共有できたことが、こども基本法成立に際して、大きな意味を持ちました。

子どもの権利条約は、その前文に次のように家族と子どもの権利との関係を整理しています。

「児童が、その人格の完全なかつ調和のとれた発達のため、家庭環境の下で幸福、愛情及び理解のある雰囲気の中で成長すべきであることを認め、児童が、社会において個人として生活するため十分な準備が整えられるべきであり、かつ、国際連合憲章において宣明された理想の精神並びに特に平和、尊厳、寛容、自由、平等及び連帯の精神に従って育てられるべきであることを考慮」すると。(14)

つまり、子どもにとって家庭環境も大切であり、子どもが個人として自立していくことも大切である。家族か個人かという二項対立ではなく、その両方が大切で、なによりも平和、尊厳、寛容、自由、平等及び連帯の精神に従って、大人こそ行動することが大切なのです。

私自身は、右派議員・思想家のような異なる立場の人々、子ども若者の権利を常日頃大切にしてくださる公明党はじめ与野党の大人たち、こども基本法のために行動したすべての大人たちに、平和、尊厳、寛容、自由、平等及び連帯の精神が共有されたからこそ、こども基本法が成立したのだと実感しています。

それは我が国の民主主義、わが国の子ども若者の権利の歴史にとって、大切なことなのです。

子どもの権利条約でも〝家族〟は重要

こども家庭庁はもともと「こども庁」という名称で検討が始まりました。それが、家庭を大切にするべきだとの意見もあり、二〇二二年の初頭あたりから「こども家庭庁」という名称になりました。これについては、「〝家族〟という価値観を押し付けるために、右派勢力が〝家庭〟を後付けした」との批判があったことは事実です。しかし、ここには一つの誤解があります。

たとえば公明党は、比較的早い段階から「こども家庭庁」と呼称していました。ただし、それは自民党保守派や右派思想の人たちが大切にしている価値観とはまったく別のロジックだったといえるでしょう。繰り返しになりますが、子どもの権利条約の前文にも家族のことが規定されています。

「家族が、社会の基礎的な集団として、並びに家族のすべての構成員、特に、児童の成長及び福祉のための自然な環境として、社会においてその責任を十分に引き受けることができるよう必要な保護及び援助を与えられるべきである」と。

大家族であれ、核家族であれ、家族という社会の基礎的な集団のなかで人間が生きていくのは、どの文明でも同じことです。無理に家族という集団を壊したうえで長く繁栄した文明は、これまでに一つもありません。

こうして右派議員・思想家との話し合いに合意点を見出し、公明党も粘り強く推進してくれたおかげで、急転直下、こども基本法とこども家庭庁に関する法案はまとまり、二〇二二年四月に国会に提出されることが決まりました。ロビイストとしてホッとしていると、日本維新の会から衆議院の内閣委員会に参考人として声がかかりました。与野党すべてに働きかける中で、日本維新の会もまた、こども基本法・こども政策に関して真剣に取り組んでいる状況がありました。

こども基本法に関する国会質疑は中継動画で見るつもりだったのが、思わぬかたちでその一週間前に声がかかり、新学期というただでさえ忙しいなかで慌てて準備したことを鮮明に覚えています。

ともあれ、こうしてこども基本法とこども家庭庁設置法は二〇二二年六月十五日に成立し、同月二十二日に公布されたのです。

子どもの権利を大事にするという意味

コロナ禍初期に突然の一斉休校を宣言する安倍首相の会見を見て娘が涙を流したときに、どれだけ時間がかかってもこども基本法を絶対に成し遂げてみせると覚悟を決めた私からすると、こども基本法・こども家庭庁体制をここまで早い段階で築き上げることができるとは思ってもみませんでした。自民党の部会（党内意思決定機関）の時点で自民党の一部保守派の人たちが反対して、こども基本法案が国会提出されない可能性は十分にあり、正直に言えば、その確率はフィフティ・フィフティだと見ていました。

だからこそ、五〇%の確率から粘り強く調整を試み、合意形成を図って、法案の提出までこぎつけてくれた公明党の皆さんに、私は心から感謝しています。子ども若者の権利の法制化、こども政策の大改革に果たした同党の役割は本当に大きいものでした。とりわけ、実現に至る過程で、自民党やこども家庭庁設立準備室との細かな調整や交渉に、山本香苗議員をはじめ公明党の国会議員が大変な尽力をしてくださっていたことにも感謝していま す。

冒頭に記したとおり、こども基本法の施行とこども家庭庁の発足は、日本のこども政策における歴史的転換点です。その意義はまだまだ多くの人々に〝大文字〟では認識されていませんが、社会は少しずつ改善の方向に進み始めています。

こども基本法の施行以降、文部科学省が子どもの権利条約にもとづいて、生徒指導や校則の見直しを始めたことはすでに述べたとおりです。他にも、不登校やいじめの対策、日本版DBSなどの議論も以前とは異なるスピードで進み始めています。

日本版CDR(Child Death Review:予防のためのこどもの死亡検証)という取り組みにも触れておかなければなりません。CDRとは、医療機関や行政、専門家などが連携して、亡くなった子どもの事例の検証を行い、予防策を提言する取り組みです。たとえば日本では十代の子ども若者の最多の死因は自殺です。しかし子どもの自殺の検証は、学校に丸投げされ、その学校がしばしば不適切指導やいじめによる自殺を隠蔽することは皆さんも良くご存知のとおりです。国として子ども若者の死の原因を分析し、子ども若者の自殺対策も進めなければならないのに、日本ではその体制整備ができていないのです。だからこそCDRが必要なのです。

CDRについては以前から必要性が指摘されてきましたが、こども基本法・こども家庭庁体制が始まってから具体的な政策として議論が動き始めました。こうしてようやく、子どもの権利を基盤に据えた議論が、日本で始められるようになったのです。

そもそも、公明党が二〇二一年十月の衆院選で主要政党で唯一、こども基本法を公約に掲げて戦ったことは、子どもの権利を大事にしていることの何よりの証拠です。

子どもの権利を大事にするとはどういうことか。たとえば、自民党の文教族の一部など、不登校の子どもたちを学校に復帰させることが必要だと考えている政治や官僚も一定数います。そうした人たちは、子どもたち自身の思いや状況を軽視して、「フリースクールなどの学校の外に居心地の良さを感じてしまえば、子どもたちが学校に戻ってこなくなるではないか」といった意見をもっています。二〇二三年十月に滋賀県東近江市の市長が「文部科学省がフリースクールの存在を認めたことにがく然としている。よかれと思ってやることが国家の根幹を崩しかねない」などと発言し、会議のあとには「不登校の大半は親の責任だ」とも述べました。(15) 不登校当事者だけでなく、私も悲しい思いとなった事件でした。

こうした発言こそ、子どもの権利を大事にしていない最たる例の一つと言わざるを得ません。

子どもの権利の観点から言えば、子どもが学ぶ場所に居心地の良さを求めるのは当たり前の話です。残念ながら、こども基本法・こども家庭庁体制ができる前のこども政策は、その程度のことにすら思いが至らない次元だったのです。

不登校対策については、こども基本法もふまえ文科省は、二〇二三年三月に「誰一人取り残されない学びの保障に向けた不登校対策」(COCOLOプラン)を取りまとめました。ようやく、学校に復帰させるという発想を公式に転換することができたのです。

こどもコミッショナーの課題

こども基本法の施行とこども家庭庁の設置は、こども政策改革のゴールではなく、スタートです。これから議論を進めなければならないことの一つに「こどもコミッショナー」の問題があります。

こども政策の分野では、かねて子どもコミッショナーの必要性が議論されてきました。子どもコミッショナーとは、子どもの権利擁護のための独立した機関のことであり、子どもの権利や利益が守られているか政策や活動を評価したり、子どもの意見を代弁したりする役割を担います。「子どもオンブズパーソン」と呼ばれる場合もあります。

私は今でこそ「こどもコミッショナー」の必要性を訴えていますが、二〇二一年四月に衆議院内閣委員会の参考人を務めたときには、慎重論を唱えていました。なぜなら、ロビー活動をしていて、子どもコミッショナーについてはまだまだ議論を深めることすらできないと感じていたからです。

具体的には二〇二一年当時、子どもコミッショナーの創設を訴える主なロビー団体には、日本ユニセフ協会とセーブ・ザ・チルドレン・ジャパン、日本財団がありました。それぞれの団体が子どもコミッショナーの必要性を訴えていたのですが、つぶさにそれらの主張を見てみると、子どもコミッショナーの役割については団体間の統一見解が示されていない状況でした。

ある人は「監視する機関だ」と言い、またある人は「勧告する機関だ」と言う。また別の人は「いじめに対応する機関だ」と言う。さらには「児童虐待に対応するんだ」と言い始める。団体や発言する人によって、子どもコミッショナーの役割がバラバラなだけでなく、たとえば児童虐待には児童相談所が対応するが子どもコミッショナーとの連携はどうするのかという体制整備の在り方も整理される必要がある状況だったのです。

「こどもコミッショナー」に関しては、ヨーロッパの制度を実見したことがある人は、あたりまえのようにその必要性を主張するのですが、児童相談所などの既存の機関や制度などとの整合をどう考えれば良いのか。これには私も頭を悩ませました。

三条機関と八条機関の違い

私はひとまず、可能な限り各所に相談することにしました。決定的なことを教えてくださったのは、元官僚で政策コンサルタントの経験もある専門家でした。その方は「末冨先生、いま日本で独立機関としてのこどもコミッショナーを今すぐにつくるのは、相当に難易度が高いですよ」と助言してくださいました。なぜ難しいのかというと、次のような課題があるからだ、との説明を受けました。

国の行政組織に関しては、国家行政組織法という法律があります。この法律にもとづくと、一般的に「独立機関」と言われる組織は同法第三条にもとづく委員会を指します。これは通称で「三条機関」と呼ばれています。三条機関は、ひとことでいえば国家意思を決定することができ、それを外部に示す行政機関です。具体的には、紛争の裁定や民間団体に対する規制などの権限が付与されており、会計検査院がもっとも独立性が高く内閣に対し独立の地位を持つことが憲法第九十条・会計検査院設置法第一条に規定されています。そのほかに人事院、公正取引委員会や国家公安委員会、運輸安全委員会、原子力規制委員会などが三条機関に相当する組織です[16]。

他方、国家行政組織法の八条にもとづく委員会というものがあり、ここでは調査審議や不服審査、あるいは学識経験者による合議による処理が適当とされる事務が行われます。通称「八条機関」と呼ばれており、消費者委員会や証券取引等監視委員会、薬事・食品衛生審議会などがそれにあたります[17]。

行政組織の建て付けとしては、現状ではこども家庭庁自体が三条機関に相当する組織となっており、ゆえにその傘下に置かれるべき「こどもコミッショナー」は、こども家庭庁発足時点で設置を検討するならば、八条機関ならばまだしも、三条機関（＝独立機関）にすることは難しい――これが、私が相談した専門家の意見でした。

ところが、当時の子どもコミッショナーに関する議論では、そうした行政における制度設計に関する細かな話を抜きに、「子どもコミッショナーは三条機関でなければ」と主張される有識者もおられました。理想はそうだとしても、既存の法律や制度を軽視して議論を始めてしまえば、その実現は不可能だと思う関係者が増えてしまいます。

そこで私は、「こどもコミッショナー」の必要性を訴える前に、まずは三条機関と八条機関の違いなど、国家行政組織法を学ぶことから始めました。そこでわかったのは、運輸安全委員会や原子力規制委員会は、初めから三条機関としてスタートしたわけではなかったということでした。

実は、運輸安全委員会も原子力規制委員会も、初めは各省庁の審議会の部会や特別委員会から始まっているのです。そこから度重なる不祥事や悲惨な重大事故への対応を経るなかで、少しずつ権限が大きくなり、現在の三条機関になったという経緯があるのです。つまり積み上げ型だったわけです。

制度的なことを言えば、「こどもコミッショナー」に関してはもう一つ大きなハードルがあります。日本の地方公共団体は都道府県と市町村の二層制です。現在は先進的な都道府県・市町村に子どもオンブズマンや子どもの権利相談センター（子どもの権利擁護機関）が設置されていますが、国の機関として「こどもコミッショナー」が設置された場合に都道府県と市区町村の役割分担をどうするのか。都道府県と市区町村の役割分担にこだわらず、国・都道府県・市町村という階層の違いで、こどもコミッショナーと子どもオンブズマン・子どもの権利相談センターが同じ役割を担うことも重要かもしれません。

イギリスこども基本法から考える日本の「こどもコミッショナー」

「こどもコミッショナー」について、私は英国の事例を参考に次のように考えています。イギリスこども基本法（Children Act）は、子どもの権利条約を基盤に「こどもコミッショナー」や関係機関の責任や協力体制の在り方を定めた法律です。[18]

イギリスこども基本法は「こどもコミッショナー」から始まる法律です。その主たる任務が次のように定められています。「こどもコミッショナーの主たる任務は、イギリスにおける子どもの権利を促進し、保護することにある」「こどもコミッショナーの任務には、イギリスの子どもの意見と利益に対する国民全体の意識を高めていくことが含まれる」。具体的には子ども若者の意見表明の促進、子ども自身の相談体制へのアクセス状況や有効に機能しているかの検証、子どもに関する職・活動に対する助言、子どもの権利を実現するために行動する方法に関する助言、子どもの権利、意見、利益についての国務大臣への助言、政府の政策・法案が子どもに及ぼす影響のアセスメント、報告書の作成・公表などです。特に社会的養護の子どもたちなど、困難な状況に置かれる子ども若者の権利・利益の実現や改善にも重きを置いているのです。また、「こどもコミッショナー」は子どもの個別の事例について調査を行わない、すなわち個別救済機能は持たず、国の機関としての責務を果たすことも明記されています。

また「こどもコミッショナー」は、子どもの権利に関する問題が起きていることを国会に問題提起する機能を持ち、イギリスにおける子どもの権利の状況を把握し検証する機能も有しています。

大きく言えば、イギリスの「こどもコミッショナー」の主たる役割は、子ども若者の権利の実現のために、法制や政策を事前アセスメント（評価・分析）したり、事後評価したり、あるいは子ども若者自身の相談体制や課題改善のために関係者・大人の意識や行動が改善しているのかを検証する「こどもの権利・利益が実現・改善されているかどうかの視点からのこども政策の評価・改善」にあることが把握されます。また、その役割は、規制や罰則という厳しいものというよりは、国として、より良く子ども若者の権利を実現するための助言・検証に重きが置かれていることも把握されます。

いっぽうでイギリスの「こどもコミッショナー」の国会に対する問題提起の機能は、会計検査院のような独立性の高い三条機関しか持ち得ないもので、ただちに実現は難しいかもしれません。

しかしそれ以外の役割については、こども家庭庁に「こども権利委員会（仮称）」を設置すれば八条機関として、果たすことが可能な事項が挙げられています。

「こども権利委員会（仮称）」の設置が重要だと考えるのは、イギリスと同様に「こどもの権利・利益が実現・改善されているかどうかの視点からのこども政策の評価・改善」を行い、子ども若者の権利を実現していくためには、こども基本法に根拠規定をもつ専門性の高い常設型の機関が必要だからです。

こども家庭審議会は、こども家庭庁設置法に定められる審議会に過ぎません。子ども若者の権利実現のための役割を担う国の機関であれば、こども基本法に根拠規定をもつ八条委員会であることが当然です。

こども基本法成立に際して、子ども若者の権利のより良い実現のための「こどもコミッショナー」に関して附則第二条に次のような規定がおかれました。「第二条　国は、この法律の施行後五年を目途として、（略）こども施策が基本理念にのっとって実施されているかどうか等の観点からその実態を把握し及び公正かつ適切に評価する仕組みの整備その他の基本理念にのっとったこども施策の一層の推進のために必要な方策について検討を加え、その結果に基づき、法制上の措置その他の必要な措置を講ずるものとする」。

この附則は「こどもの権利・利益が実現・改善されているかどうかの視点からのこども政策の評価・改善」というイギリスこどもコミッショナーの役割と同様の機関を国に設置することへの布石でもあるのです。公明党の国会議員たちこそが、この附則の実現に誰よりも重要な貢献をする人々であることを私は確信しています。

民主主義を根底から支える姿勢

こども基本法・こども家庭庁体制を構築するために、私はすべての主要政党の議員と対話を重ねました。自民党保守派の皆さんも日本共産党の皆さんとも、対話をすることで合意できる部分も見つかりました。何より、子どもを思う気持ちはどの政党のどの議員にも共有されていました。その点では皆が同じ思いだということを確認できたのが重要なことでした。また、さまざまな思想や立場のアクターがいなければ、この複雑な社会は成り立たないのだということも身をもって実感できたことは、それ自体が貴重な経験でした。

その意味で公明党議員の皆さんが素晴らしい点は、政党で言えば自民党保守派から共産党まで、その他にもさまざまな思想や立場のアクターと分け隔てなく接し、対話を重ねているところです。どのような背景があろうと目の前の人を尊重する。意見が合わなくても共存しようと努力する。そのために対話する。そうした民主主義を根底から支える姿勢を、公明党議員たちはもっているのです。

つまるところ公明党の皆さんは、対話の文化や権利の尊重が、人類の幸福や恒久平和に直結しているということを、ごく自然に理解されているのではないでしょうか。だからこそ、こども基本法を選挙の公約に掲げ、その実現に向けて粘り強く取り組んでいったのだと思います。

1　第123回国会衆議院文教委員会議事録第7号20頁（平成四年六月三日）
2　荻上チキ・内田良編著『ブラック校則 理不尽な苦しみの現実』東洋館出版社、二〇一八年
3　末冨芳「岸田総理所信表明・選挙公約　こども政策チェックポイントはこれだ」二〇二一年十月六日、Yahoo! エキスパート記事。
4　山田太郎「第7章　諦めるわけにはいかない！　困難を極めた『こども基本法』制定」『こども庁』星海社新書、二〇二三年
5　首相官邸ホームページ「こども政策推進会議・全世代型社会保障構築本部合同会議」二〇二三年十二月二十二日　https://www.kantei.go.jp/jp/101_kishida/actions/202312/22kodomo_zensedai.html
6　塩崎恭久『「真に」子どもにやさしい国をめざして　児童福祉法等改正をめぐる実記』メタ・ブレーン、二〇二〇年
7　一般財団法人アジア・パシフィック・イニシアティブ『新型コロナ対応・民間臨時調査会　調査・検証報告書』ディスカヴァー・トゥエンティワン、二〇二〇年
8　公益財団法人日本財団「子どもの権利を保障する法律（仮称：子ども基本法）および制度に関する研究会　提言書」二〇二〇年九月　https://kodomokihonhou.jp/about/img/teigensho.pdf
9　塩崎恭久『「真に」子どもにやさしい国をめざして』メタ・ブレーン、二〇二〇年

10 こども政策の推進に係る有識者会議（第三回）「資料1　こども政策に関する当事者・有識者からの意見」、令和三年十一月八日、二七頁

11 首相官邸「こども政策推進会議・全世代型社会保障構築本部合同会議」二〇二三年十二月二十二日。

12 末冨芳「こども大綱がこども・当時者を傷つける!?」Yahoo! エキスパート記事、二〇二三年九月二十五日。

13 末冨芳「こども家庭庁が子どもの意見を無視してどうする!?」Yahoo! エキスパート記事、二〇二三年十二月二十四日。

14 外務省「児童の権利に関する条約」

15 ＮＨＫ「滋賀 東近江市長のフリースクールめぐる発言 撤回求め署名活動」二〇二三年十月十九日

16 内閣官房「三条委員会等の整理」二〇一一年二月二十三日

17 厚生労働省「三条委員会及び八条委員会の概要」https://www.mhlw.go.jp/stf/shingi/2r98520000034j5w-att/2r98520000034j8m.pdf

18 Children Act 2004（イギリス二〇〇四年こども基本法）、なおイギリスこども基本法はイングランド地域を対象としている。https://www.legislation.gov.uk/ukpga/2004/31

第二章

子どもの幸せが第一

公明党とこども政策

日本は子育て世帯に罰を与えてしまっている

そもそも、なぜこども基本法・こども政策が必要だったのでしょうか。私はその問題意識を二〇二一年七月に社会福祉学者の桜井啓太氏とともに『子育て罰「親子に冷たい日本」を変えるには』(光文社)という新書にまとめました。そのポイントは次のようになります。

「子育て罰」とは、桜井氏が生み出したOECD(経済協力開発機構)で使われている「チャイルド・ペナルティ(child penalty)」の訳語で、「社会のあらゆる場面で、まるで子育てすること自体に罰を与えるかのような政治・制度・社会慣行・人々の意識」のことを指す言葉です。「子育て罰」と言うと、なかにはぎょっとする人がいるかもしれませんが、残念ながら日本は政治や社会が子どもと親に罰を科《か》してしまう、子育て世帯に冷たく厳しい国なのです。

別の言い方をすれば、子育てを「個人モデル」に閉じ込めてしまい、自己責任と見ているとも言えます。「個人モデル」とは、社会福祉学における「社会モデル」の対概念です。

たとえば、子どもが貧困に陥《おちい》ってしまったとします。それをその家庭の自己責任とするのが「個人モデル」であるのに対し、ある親子が貧困に陥ってしまう社会構造のほうに責任があるとするのが「社会モデル」です。

子育て世帯に対する日本の冷たく厳しい状況について、具体例を挙げます。二〇二〇年十一月六日に産経新聞が「児童手当の特例給付、廃止検討 待機児童解消の財源に」との見出しで報道しました。高所得の子育て世帯の場合、以前は子ども一人につき年間六万円の児童手当を受け取っていました。それをなくして、待機児童の財源に充てようとする政策です。

そもそも日本の子育て層は、年金・社会保険料の負担が高齢者世代よりも高いうえに、子育てまでして国に貢献しています。ところが、児童手当や授業料無償化などの恩恵を十分に受け取ることができていません。頑張って働き、国や社会のために納税・年金・社会保険料で貢献し、子どもを産み育てるほどに生活が苦しくなっていく。子育てをしながら頑張って働いている中高所得層ほど、生活が追いつめられていく。そんな「子育て罰」の国なのです。

中高所得層の児童手当を削って待機児童対策にまわすという方法は、分断と排除の政策でもあります。所得によって子育て世帯同士で分断が深まり、親の所得しだいで子どもが差別される、子どもの権利を否定する非人道的な手法でもあります。

衣食住すら保障されない「絶対的貧困」

日本のこども政策が冷たく厳しいのは、何も中高所得層に対してだけではありません。繰り返しになりますが「子育て罰」という言葉は、子育てをする親とくに女性ひとり親に対してあまりにも厳しい就労環境を指摘するために、ＯＥＣＤが問題視している「チャイルド・ペナルティ（child penalty）」という言葉を桜井啓太さんが翻訳したものなのです。

簡単に説明すると、子育てする親とくに女性ひとり親はそうでない大人に比べて賃金が低く、貧困に陥りやすいという先進国に共通する現象が「チャイルド・ペナルティ（child penalty）」です。日本は「チャイルド・ペナルティ」がそもそも先進国中最悪で、女性ひとり親が働くほど貧困率が高くなる〝異常な国〟なのです。

子育てする親とくに女性ひとり親に対する子育て罰については、大きく以下の三つのことが挙げられます。①日本では所得再配分政策がもともと低所得層に不利である、②とりわけひとり親世帯への再分配は政策的に失敗している、③日本は先進諸国の中でひとり親世帯の貧困率が突出して高く、シングルマザーに猛烈に厳しい国である――。

「子育て罰」にかかわる数値も提示しておきます。内閣府が二〇二一年に発表した「子供の貧困の状況」（内閣府、二〇二一、三頁）によると、子育て世帯の一六・九％が食料を買えない経験をしています。[19]さらに、二〇・九％は衣服が買えない経験をしており、衣食住にも不自由を感じる状況が明らかになっているのです。もはや所得で判断する「相対的貧困」ではなく、衣食住すら保障されない「絶対的貧困」にまで追い込まれていると言えます。

そうした状況を、日本の人々はどう受け止めているのでしょうか。内閣府が発表している「少子化社会に関する国際意識調査報告書」[20]（内閣府、二〇二〇、一二頁）では「子供を生み育てやすい国かどうか」という問いに対して、日本では「どちらかといえばそう思わない」「全くそう思わない」と答えた人が六一・一％にもなっているのです。この数値は調査対象となった他の参加国と見比べると突出していることがわかります。フランスは一七・六％、ドイツは二二・八％、スウェーデンは二一・一％となっているのです。

このままでは所得の高低にかかわらず、日本はどんどん子育てしづらい国になってしまい、そうなれば必然的に子どもが生まれない国へと陥ってしまいます。一刻も早く「子育て罰」をなくさなければいけない。こども基本法・こども家庭庁体制の構築に向けて力を尽くしていた私の根底には、そうした強い危機感があったのです。

日本は〝上から目線のおじさんたち〟の国

一九六〇年代から七〇年代にかけての中央教育審議会の幼児教育無償化に関する資料が文部科学省にマイクロフィルムで残っており、それを検証したことがあります。その資料のなかには、「一体いつからただで家庭から（母親たちが）子どもを追い出せるということに非常な興味を示したんじゃないかな」と、子育てする母親の苦労を全く理解しようとしない発言があったのです[21]（末冨、二〇一〇、一八〇頁）。当時の中央教育審議会委員は、幼児教育に関する委員も全員男性です。子育てなどしたことがないはずの男性たちが、母親たちの苦労や家計の苦しさも知らずにこども政策をブロックする、これが今まで続く日本の少子化の根本要因の一つです。

個人モデルではなく社会モデルの観点で考えれば、こうした考え方が変革されず少子化促進の諸制度を支えてきてしまった日本を〝上から目線のおじさんたち〟の国と捉えざるを得ません。今でも〇～二歳保育料は有料で、未だに待機児童が存在する自治体もあります。働く女性の子育てにも、そもそも女性と子どもの存在に対しても、自民党の右派に象徴されるような〝上から目線のおじさんたち〟（厳密には言えばおばさんもいますが）と呼ぶべき皆さんは、ほとんど関心も理解ももたなかったのです。

母親が楽になって何がいけないのか。母親に余裕ができれば子育てにもゆとりができるのに、それを許そうとしないおじさんたちの目線。きつい表現ですが、差別的な社会慣行や制度を支えてきたそうした政治家や権力者の姿勢があるのは事実であり、母親としても怒りを禁じ得ません。

かく言う私も、「子育て罰」の被害者の一人だと自覚しています。妊娠中に同僚から怒鳴りつけられたり、駅でベビーカーを蹴《け》られたりしたことがあります。今でこそ職場でも理解が広がっていますが、やむを得ない事情で赤ちゃんだった子どもを勤務先の大学に連れて行った時には、「子どもを大学に連れてくるな」というハラスメント（嫌がらせ、いじめ）を受けたこともあります。

お金の面でも、税・年金・社会保険料を支払った上に、所得に応じて課される保育料は家計を圧迫しました。二人の子どもが乳幼児のころには、保育料が月十万円近くにも膨らんだのです。当時はそれに加えて、夫の単身赴任中で、遠距離での生活費負担と祖母の介護費の負担があり、家計は文字どおりの火の車でした。勤務先の日本大学の名誉のためにも申し上げておくと、当時の私の給与も決して安いものではありませんでした。それでも、二人の小さな子どもを育てるというのは本当に大変だったのです。

第一子出産のときには、転職と時期が重なってしまったために労働基準法の規定で育児休業を取得することができませんでした。幸いなことに夫が育児休業を取ることができたものの、母親の転職を前提に設計されていない日本の労働法制の冷たさに愕然《がくぜん》としたものです。

二〇一四年に第二子を出産したときにも育児休業は取得しませんでした。同年四月に発足した内閣府の「子供の貧困対策に関する有識者会議」の委員に就任することになったからです。我が子と同じ時代を生きるすべての子どもたちが幸せな人生を生きられる国にするため、微力ではありますが全力を尽くしたいと考えたのです。できれば男性と同様に、女性にも柔軟な育児休業の取り方を保障していただきたいものです。

ともあれ、私と同じように大変な思いをしてきた母親たちにもっと安心して子育てをし、子どもの成長を楽しめるようになってもらいたい。教育学の研究者でありながら『子育て罰』を執筆したり、このテーマについて発言を重ねたりしてきたのは、そんな思いからです。

公明党の政策実現力の秘訣

そうした〝上から目線のおじさんたち〟の国である日本において、一貫して子どもとその親たちに優しい国を築くために尽力し続けてきた政党が公明党である、と私は認識しています。

公明党の子育て政策の淵源として語り草になっていることがあります。それは、一九六〇年代に順次実現した小中学校における教科書の無償配布です。

一九六三年（昭和三十八年）三月、公明党の前身である公明会の柏原ヤス参議院議員が、本会議で池田勇人首相（当時）に対して、「何はさておいても中学三年生までの教科書代を無償にすべきです！」と教科書の無償化を訴えます。これに対して、池田首相は「憲法の理想を実現することに努め、昭和四十一年度（一九六六年度）までには義務教育の教科書を全部出したい」と答弁しました。それまでの政府の教科書の無償化に関する方針は、緩やかで段階的な実施でした。それをこの時の首相答弁が覆《くつがえ》したのです。

こうして教科書の無償配布は一九六三年度から段階的に始まります。「昭和四十一年度(一九六六年度)までに」との首相答弁は実現されず、遅れが出たものの、六九年度には全小中学校で教科書の無償配布が実現しました。

私の専門である教育行政学の分野では、我が国の義務教育無償化の歴史の一幕として教科書の無償配布のことは必ず学びます。しかし、それを実現したのが公明党であることはほとんど知られていません。

公明党の次なる施策は児童手当の実現でした。児童手当法が成立したのは一九七一年五月。公明党は、他党に先駆けて一九六八年に児童手当法案を国会に提出しているのです。その背景には、公明党の地方議員による先駆的な動きがありました。千葉県市川市と新潟県三条市は一九六八年四月に、東京都は一九六九年十二月に、それぞれ公明党議員の推進によって児童手当の制度がスタートしているのです。

公明党によるこうした取り組みの根底には、おじさんたちの上から目線ではなく、真の当事者である親や子どもたちの目線があります。子どもたちが平等に学べないのはおかしい。多子世帯ほど家計が苦しくなる。そうした生活に即した声を拾い上げ、多くの人々が切実に改善を望んでいる困りごとを解決していく。公明党は一九六四年の結党以来、一貫してそうした取り組みを行ってきた政党なのです。

親や子どもの目線で政策を考え、なおかつ着実に実現していく。これはどの政党にもできることではありません。とりわけ、教科書無償配布と児童手当は、当時の公明党が野党として推進していたという点は特筆すべきことです。

日本共産党や立憲民主党も給食費や補助教材の無償化を訴えていますが、なかなか実現し切れていない。その最大の要因の一つに、糾弾や対決という政党としての手法を重視していることがあります。もちろん日本共産党や立憲民主党にも、こども政策や教育政策を重視してくださる素晴らしい国会議員がおられます。

しかし、自由民主党の姿勢が頑《かたく》なで、子ども若者たちや子育てで苦労する親のためにならない、そんな時に思いを対話でつなぐのが公明党の国会議員の素晴らしいところなのです。

公明党は、当局や自民党はもちろん、野党とも対話を積み重ねてきました。政治的な立ち位置よりも前に、一人の人間として相手を尊重して対話を重ねる。その姿勢こそが、公明党の政策実現力の秘訣なのだと思います。

それは国会議員に限らず、地方議員も含めてすべての公明党議員に言えることです。省庁の官僚、地方自治体の首長や教育長と話をしていると時折出てくる話があります。それは、公明党の議員との対話は、心が安らいだり、人としての姿勢に学ぶひとときであるという話です。きっと、現実の課題にしっかりと目を向けつつ、それをどうすれば解決できるかということを真剣に考え、未来志向の話をされるからこそ、そのような気持ちを感じられるのだろうと思います。

民主主義といえば、その手法としてまず多数決を思い浮かべる人が多いかもしれません。確かに多数決も民主社会における一つの方法ですが、それ以前に民主主義にとって重要なことは、異なる意見を持っている人々同士の対話なのです。

母親の幸せを追求する姿勢

幼児教育の無償化は、公明党の強い意向で実現した施策の一つです。安倍晋三政権下の二〇一九年十月から、就学前三年間にあたる三歳から五歳児と、住民税非課税世帯の〇歳から二歳児の、幼稚園・保育所の利用料が無料になりました。

幼児教育の無償化にしろ、男性の育休の推進にしろ、公明党の議員の皆さんと話していて、いつも子育て当事者として実感するのは、母親の幸せを追求する姿勢です。性別役割分担意識がいまだに根強い日本社会においては、母親の幸せを追求することが子どもや父親の幸せに直結する。万が一、離婚をして母子家庭になっても、子どもの権利が擁護される。そうした意味でも、政治が母親の幸せを追求することは実に大切なことです。

ところが、幼児教育の無償化を公明党が強く推し進めた時には、一部の人々から「どうしてすべての子どもを応援しなければいけないんだ」といった批判が出てきました。そうした批判をぶつけてくるのは、やはり子育てを自己責任・個人モデルと考える人たちが中心でした。彼らの論理は「親が貧しい家庭でなければ支援しない」「母子家庭しか支援しない」といったものです。

その時期に、私は公明新聞からインタビューを受けて同紙にコメントを出すことになり、子どもの権利実現の観点から公明党の方針を高く評価しました。親の所得にかかわらずすべての子どもが健やかに成長していけるよう応援するという方法を、「権利ベース」や「権利基盤アプローチ」と言います。まさに子育てを自己責任の個人モデルに閉じ込めずに、国や社会をあげて応援し子どもたちが幸せに成長できるように社会モデルとして捉えていく政策方針です。

三歳から五歳児の所得制限のない幼児教育無償化は、〇歳から二歳児の保育無償化や高校無償化、さらには高等教育の無償化という「権利ベース」「権利基盤アプローチ」の政策を推し進める出発点になる。公明新聞にはそうした趣旨のコメントを寄せました。当時は私が書いたことの意味を理解する人はほとんどいなかったと思いますが、この五年あまりのあいだに政治や社会は、公明党が見据えていたとおりの方向に進んできているのです。

母親の幸せという点で言えば、不妊治療の保険適用は菅義偉前首相の英断のみならず、公明党の強い推進があってこそ実現した政策でした。日本社会では長らく不妊は女性の問題とされてきました。しかし、実際には不妊の約半数は男性側に原因があることが明らかになっています。

では、どうして女性の問題とされてきたのかというと、今の言葉で言う「プレコンセプションケア」が十分になされてこなかったからです。プレコンセプションケアとは、若い男女のためのヘルスケアであり、将来の妊娠などに向けて自分たちの体に向き合うことを指します。

このプレコンセプションケアの必要性については、古屋範子《のりこ》議員をはじめ、公明党議員の皆さんとも私自身の経験を踏まえて、時折お話しししています。他にも、父子家庭の支援なども含めて、公明党の皆さんには、子どもと親を支えるためにいつもしっかりと目配りをいただいています。

民主党政権下での無償化導入と自民党による所得制限導入

教育費の無償化を進める際に重要なのは、現実に即した形で着実に進めていくことです。その点、日本政治における大きな経験の一つは、民主党政権における高校無償化でした。

民主党政権は、十六歳から十八歳のこども増税（扶養控除縮小）と引き換えに、所得制限のない高校無償化を実現しました。これは民主党政権の大きな政治的レガシーであると同時に、自民党との対立を深めた政策でもあり、子育て世帯をふりまわし、政治不信を強めることになってしまったのです。

第二次安倍政権の際に、下村博文文部科学大臣（当時）が高校無償化に所得制限を導入したことで、中間層の子どもの支援がなくなってしまいました。しかも、こども増税はそのままという「子育て罰」ができ上がってしまったのです。

もちろん、所得制限を導入した下村文科大臣こそが「子育て罰」をつくりだした張本人なのですが、民主党政権は、当時野党だった自民党・公明党との対話を深めず、拙速に物事を運び過ぎた感が否めません。丁寧に対話を重ね、合意形成を図っていれば、公明党は理解を深め、その後の所得制限導入に際して、ストップをかけてくださった可能性があります。当時、下村文科大臣の御前会議に出席していた私の目からは、民主党政権で一足飛びに改革を行った分、所得制限導入は民主党政権への復讐という意味合いもあり厳しかったように感じています。

民主党政権当時は、まだこども基本法のような子どもの権利の国内法がありませんでした。まだ駆け出しの研究者だった私も民主党の議員と対話しましたが、なぜ所得制限なく、すべての高校生の授業料を無償化するのかについては、子ども自身の学ぶ権利の保障であるのでそれについてもっと発信してほしいとお願いしたことを覚えています。

また政治主導の高校無償化の改革意図や意義が文科省の官僚にも浸透しておらず、だからこそ再び政権交代が起きた後に、所得制限のない高校無償化の意義が自公政権に引き継がれなかったのだと捉えています。後述しますが、高校無償化や所得制限撤廃という政策手法はポピュリズムの道具とすべきでなく、国家としての持続可能性や、子ども若者自身の幸せや権利をどう実現するかということを、与野党をあげて真摯《しんし》に対話し、実現の方策を選択し、子ども若者や親も応援されていることが実感できる政治的メッセージが必要です。

公明党は、消費税増税という国民全員が負担する財源を活かし、幼児教育の無償化に始まり、二〇二〇年四月には私立高校の授業料の実質無償化や、高等教育における給付型奨学金と授業料減免の対象者・金額の大幅拡充を実現しました。その際に、軽減税率を導入するなど、生活が苦しい方々のための政策も同時に導入されています。

幼児教育無償化の〇歳から二歳児への対象拡大や、高校・大学無償化の所得制限撤廃・緩和など、推進すべき課題はまだまだあるものの、公明党の政策には、子ども若者や親たちを応援するあたたかい姿勢と、低所得や病気・介護などさまざまな理由で苦しい状況にある人々に寄り添う姿勢とが常に同時にあるのです。

公明党は一つ一つの政策を官僚集団とかなり細かく協議を行ったうえでつくり上げています。理想だけを掲げて改革を拙速に推進したり、政局のための政策立案をしたりはしません。理想を掲げながら現実をしっかりと見つめ、既存の法律や制度との整合性などを細かく詰めたうえで、粘り強く政策をつくり実現するのです。そこが公明党のすごいところです。

そうした公明党の強みは、こども基本法・こども家庭庁体制を構築する際にも、遺憾なく発揮されたように思います。

対話力こそが政策を実現する

二〇二二年十一月、公明党は「子育て応援トータルプラン」を策定しました。同プランの前文では、一九六〇年代に実現した教科書無償配布や児童手当の創設に加えて、二〇〇六年に策定された「少子社会トータルプラン」などが挙げられ、同党が一貫して〝こどもまんなか社会〟の理念のもとに取り組んできたことが述べられています。前文を読むと「子育て応援トータルプラン」がそうした過去の政策の延長線上にあることがよくわかります。

それだけではありません。公明党の議員の皆さんは、同プランを策定するにあたって各省庁はもちろん、支援団体や私のような研究者、当事者らにも声をかけ、徹底的に専門家

や現場の声を聴いているのです。そのなかには女性や若者、子ども自身の声も含まれてい
ます。
　官僚に対して冷たいイメージを持つ人もいるかもしれませんが、彼ら彼女らも紛れもな
い一人の人間です。人間である以上は心があり、政治家の言動や態度をじっくりと見てい
るのです。政治家から常に敵対視されたり、横柄な態度を取られたりすれば、気持ちがい
いはずがありません。いくら職務と言っても気持ちが乗らない仕事には心が通わないのも、
また然《しか》りです。そう考えてみると、公明党の議員の皆さんには各所から、より詳細でより
質の高い情報が入る理由がわかる気がします。
　官僚からすれば、公明党議員のところへ行くと、何よりもまず自分たちの話をよく聞い
てくれる。話を聞いてもらった側は、自分の思いや考えを理解してくれていると受け止め
るものです。また、行政の実態を常日頃よく聞いて理解しているからこそ、同党議員は官
僚と的を射た議論ができるわけです。官僚に優秀な人が多いのは言うまでもないことです
が、思いを大切にしてくれたうえで高度な議論ができるとなれば、国のため、国民のため
に一生懸命に働こうという気持ちになってくれるはずです。
　一部の野党議員・関係者の中には、敵とみなした権力者に対して礼儀を欠く人たちがい

ます。典型的な例を挙げれば、たとえば岸田文雄首相のことを「岸田」と呼び捨てにする人たちです。当然のことですが、公明党の議員や関係者のなかには、そうした非礼なことをする人は誰もいません。対話の出発点も、そうした人として当たり前のことができるかどうかだと考えています。

政策を本気で実現しようとするならば、つまるところは対話力です。この対話力と、子ども自身の幸せを追求する姿勢。他党にも、ぜひとも公明党のこの二つの力を見習っていただきたいと思います。

公明党の「子育て応援トータルプラン」が基盤となった岸田政権の「こども未来戦略方針」

二〇二三年十二月、政府は「こども未来戦略方針」を閣議決定しました。そのなかには、働いていなくても時間単位で自由に使える「こども誰でも通園制度」や、身近な場所で相談に乗ってもらえる「伴走型相談支援」、産後の母親の心身をサポートする「産後ケア」、父親の育休を推進する「共育ての応援」のほか、児童手当の拡充・住宅支援の強化・雇用保険の適応拡大・保険料免除措置・高等教育の授業料の減免などが謳《うた》われています。これらは実は公明党が掲げた「子育て応援トータルプラン」が基盤となった政策パッケージであることを、岸田総理大臣も、(22)小倉將信《まさのぶ》こども政策担当大臣（当時）も認めておられます。(23)

そのうえで、「こども未来戦略方針」に関する公明党の最大の貢献は、こどもたちの財源である「こども金庫」を創設し、そこに三・六兆円の財源を確保したことにあります。支援金ばかりが野党側の争点として設定されていましたが、この国を持続可能な国として子どもたちや孫たちの代により良い状態でつないでいくためには、子ども若者や子育てする家族への「公助」を手厚くし、婚姻率を引き上げ、出生数を改善することが最重要の手段なのです。

私は二〇二四年二月二十九日、こども財源に関する衆議院予算委員会中央公聴会に、公明党推薦の公述人として意見を申し述べました。そのもっとも重要な主張を国会議事録から抜粋しておきます。

　こども金庫創設の意義ですけれども、まず、子どもを産み育てることはリスクであるということで、公助のための特別会計ができるということは非常に意義があることです。

また、全世代、事業主が連帯して子ども、子育てを支えるということで、支援金だけではない、一般会計からの繰入れや、歳出削減も含めて、子ども、若者を支えていくんだという多様な財源。それがこども政策への使途限定財源として使われるということ。それとともに、消費増税のときは、正直、子どもたちにいくら使われたのか見えづらかった。そうではなくて、特別会計にすることで、いくら使って、いくら子ども、若者のために応援しているんだということをわかりやすくする見える化。あわせまして、全ての子どもを応援するということについて大変高い意義が認められます。これらはまさに普遍主義のこども政策であるということで、これまでの日本政府とは次元が異なる、私たちは、レベルが上がっているというふうに捉えています。

また、支援金制度については、この予算委員会でも大変真剣な御議論が交わされておりますけれども、私自身は、子育てのリスクを支えるための多様な財源の一つとしては極めて重要で意義があるものであると考えております。(24)

子育てしづらい日本にあって、すべての子ども若者、子育てする家族を応援するために、政権をあげて知恵をしぼって「こども金庫」を創設するために、こども家庭庁を応援し、野党の対案も吟味《ぎんみ》し応答する、これが公明党の素晴らしいところです。
こども財源確立と、「こども未来戦略」の実現のための子ども子育て支援法改正に際して、衆議院本会議での河西宏一議員の賛成討論、特に次の部分に、私は深い感銘を受けました。(25)

政策の大義名分として、少子化・人口減少に歯止めをかけることは重要ですが、それにも増して大切なことは、こども基本法にうたわれた、全ての子ども、若者が個人として尊重され、基本的人権が保障されるとの基本理念、また、こどもまんなか社会の実現といった原点であるということであります。年齢や発育状況を問わず人は生を受けた瞬間から、一人の確固たる人格であります。

現代社会において子どもを産み育てることは大変である一方、何にも代えがたい価値を与えてくれると、二児の父として心から感謝をしています。しかし今、子どもを持つことがリスクという意識が若者の間に広がっているとの指摘に大きな危機感を抱くとともに、児童虐待死を根絶する仕組みづくりなど対策は急務であると考えます。
そのためにも、本法律案を新たな一歩として、子ども、若者、子育てを支えることが家族責任から社会全体の連帯へと転換されゆく社会を目指すことをお誓い申し上げ、賛成討論といたします。

また河西議員は、焦点となった支援金制度についても、マクロな負担増は生じないが、ミクロな家計負担増となってしまう国民の生活目線とのすれ違いが生じていることは課題であり、政府として説明や実際の負担増につながらない施策の実現が重要であることも強調されています。

あわせて子育て世帯が一〇万円を拠出した場合、子ども若者に一四六万円の給付があることも明確にし、国民の負担額は医療保険料額の四～五％程度にすぎないことも冷静に指摘されたのです。

立憲民主党が財源の対案として示されたＥＴＦ（上場投資信託）の活用についても、すでに一般財源として活用されている状況をふまえたうえで、評価もされている点は、公明党議員が大切にされている対話の姿勢を象徴するものでした。

加えて私自身も子ども子育て団体と強く要望してきた、「こども未来戦略」の次のプランの迅速な策定と実行、子ども子育て予算倍増に向けたさらなる財源確保についても、岸田総理から「走りながら検討する」との答弁も引き出していただきました。

「こども未来戦略」の次はただちに子ども若者の貧困対策、ひとり親貧困対策、若者政策抜本拡充を

公明党の「子育て応援トータルプラン」と岸田政権の「こども未来戦略」を比較したときに、岸田政権が次に取り組むべきは、子ども若者の貧困対策と若者政策であることがわかります。

公明党子育て応援トータルプラン推進委員会（委員長＝高木陽介政務調査会長）が二〇二三年三月二十八日に岸田総理大臣・小倉こども政策担当大臣に申し入れをしてくださった「次世代育成のための緊急事態宣言等についての提言」を確認しましょう。低所得ひとり親世帯の「〝命綱〟である児童扶養手当」の拡充、「こどもの貧困対策を総合的に推進する」ことを、岸田総理・小倉こども政策担当大臣にしっかりと申し入れてくださったのです。また、若者の経済的基盤の強化として、貸与型奨学金の減額、返還制度の拡充等、若者のセーフティネットの強化も同時に申し入れていただきました。

こども未来戦略「加速化プラン」のために、岸田政権が確保しようとしていた予算規模

は当初、三兆円とされていたのですが、公明党が最後の最後まで粘ってくれたおかげで「三兆円台半ば」まで積み増すことができたのです。この積み増された約五〇〇〇億円の大半は、当初は児童扶養手当のための財源となるはずだったのですが、高等教育（大学・専修学校）の第三子以降無償化が優先されてしまった結果、子ども若者の貧困対策が後回しにされてしまった状況にあります。もちろん高等教育（大学・専修学校）の第三子以降無償化も重要な政策ではあるのですが、与野党超党派の子どもの貧困対策推進議員連盟の国会議員たちも落胆を禁じ得ない状況となっています。

児童扶養手当は、ひとり親家庭の生活の安定と、子どもの福祉の増進のために支給される手当です。やはり、子育て世帯において最も大変な生活を強いられているのは、ひとり親家庭です。そのなかでも、この国の母子家庭の貧困の深刻さは、にわかに信じられないものがあります。

子どもの相対的貧困率という指標があります。これは、所得水準などに照らして貧困の状態にある十八歳未満の割合を示しています。二〇二一年の調査では、日本全体の相対的貧困率が一一・五%だったのに対して、ひとり親世帯は四四・五%と約四倍になっているのです。

この調査では相対的貧困率が三年ごとに公表されています。前回の二〇一八年の調査では四八・三%でしたので三・八ポイント改善したものの、それでもなお高水準となっています。他の先進国でここまで高いひとり親の相対的貧困率を示す国は他にありません。第一章でイギリスのひとり親世帯に対する手厚い給付を紹介しましたが、他の先進国も日本など比較にならないくらいにひとり親世帯への手厚い給付を行っているのです。

日本の場合は、ひとり親世帯の相対的貧困率の高さを、女性の非正規雇用の多さと低賃金が支えてしまっている状況です。

また若者に対しての支援の少なさも先進国としては異常です。高等教育の無償化や学生・低所得労働者を中心に若者手当を支給している先進国も少なくありません。

だからこそ、「こども未来戦略」の次のステップにただちに取り掛かっていただき、公明党の強力な推進力で、子ども若者の貧困対策やひとり親貧困対策、若者政策も加速していただきたいと願っています。

保育・教育の無償化を拡充すべし

少子化対策について言えば、今の若い世代にとっては教育費が大きな障壁になっています。一人目は産めたとしても、二人目、三人目のハードルが相当に高い。そのハードルを下げるためには、公明党が実現を目指して取り組んでいる、〇歳から二歳児保育（幼児教育）などをはじめとした保育・教育の無償化のさらなる推進が不可欠です。

低所得層の子どもたちにとって、大学進学の壁は相当に高いものでしたが、給付型奨学金や授業料の減免などによって、これまでに少しずつ支援が拡充してきました。それでもまだまだ、経済的理由で進学を断念せざるを得ない子ども若者が存在しています。

なかでもかなり高いハードルになっているのが入学金の負担です。私はかねて入学金の負担をできる限り減免してもらえるように公明党議員の皆さんにお願いをしてきました。これについては、与党のなかでは強く推進したい公明党とそれほどではない自民党とのあいだで意見の食い違いがあるはずです。それでも、政府の「こども未来戦略」には、大学などの授業料と入学金の減免や返還不要な給付型奨学金などについて、二〇二四年度から支援を拡充することが明記されました。

高等教育の無償化に向けた取り組みの重要な点は、その恩恵を受ける大半の人々の年齢が二十歳前後であるところにあります。早い人であれば大学を卒業後、五年ほどすれば結婚して子どもを産むことになります。決して裕福な家庭で育ったわけではなくとも、自分が希望する進学ができたという経験は、子どもを産み育てる時に経済的なハードルを感じにくくさせてくれるはずです。

裏を返せば、現在の二十代以上の人たちは政治的・社会的に冷遇されてきたため、子どもを産むことに高い障壁を感じているはずです。そうした学習を若者たちにさせてしまったのは、自民党をはじめとする高等教育の無償化に反対してきた、「子育て罰」の政治家たちです。

自民党は高等教育の問題になると、基本的には卒業後の所得連動返還方式の奨学金でカバーしようとします。「在学中は無償なのだから、それでいいではないか」と。しかし、少子化対策を含めて卒業後の妊娠・出産まで視野を広げて支援していくのであれば、やはり大学の無償化を拡充していく以外にないはずです。大学四年間を私立大学の文系で学ぶと、六〇〇万円から七〇〇万円の奨学金を返済しなければなりません。理工系ではもっと高額な授業料になります。社会に出た時点でこれだけの債務を若者に背負わせるのはあまりにも酷《こく》です。

本来であれば、中間層の家庭にはもっと子どもが生まれていてよいはずです。なぜ生まれないかという大きな理由の一つは、ここまで述べてきたように子どもの教育に関する経済的な負担があまりにも大きすぎるからです。だからこそ、まずは公明党が描いているように、教育費の無償化を中間層にまで拡充していくことが不可欠なのです。

もちろん、公明党は中間層ばかりに目を向けているわけではありません。先述の児童扶養手当の財源確保をはじめ、与党のなかでしっかりと低所得層にも目配りをしてくれています。

低所得層については、まずは衣食住のベースラインを支えなければいけません。そのあたりの感覚が、残念ながら特に自民党には欠落している議員が少なくありません。お腹を空かせた子どもが勉強できるわけがないのは当然のことで、そうした感覚を持ち合わせていないのです。低所得層の衣食住に目配りをせず、なぜここまで冷たくなれるのか、私には不思議でなりません。まさに〝上から目線のおじさんたち〟の最たる事例です。

その点、公明党の国会議員は年齢性別にかかわらず、大変な人にこそ寄り添ってくださる姿勢が一貫しています。その姿勢は、幹部から若手議員に至るまで一貫しています。高木陽介政調会長は、大変な状況の子ども若者や子育て世帯のための政策を要望する、子どもの貧困対策団体にも、子ども子育て支援団体にも、いつも真摯に耳を傾けてくださいます。また財務副大臣だった秋野公造参議院議員、矢倉克夫参議院議員には、年少扶養控除復活や高校生扶養控除の拡充を訴える子育て当事者団体の署名を受け取り、耳を傾けてくださっています。

西田実仁《まこと》税制調査会会長も、高校生への児童手当拡充と高校生増税（高校生の扶養控除縮小）を引き換えにしようとする自民党・財務省の方針は、「こども未来戦略」の少子化対策としての効力を失わせることを必死に訴えた結果、自民党・財務省と対峙《たいじ》して、与党として勇気ある見送りの方針を勝ち取っていただいたのです。

子ども若者政策は、扶養控除（こども減税）×現物給付（保育・教育の無償化、医療の無償化）×現金給付（児童手当・児童扶養手当）の三点セットで

いま日本のこども政策・教育政策は大きな変動期にあります。私自身が公明党に大きな期待を寄せているのは、子ども若者政策は扶養控除（こども減税）×現物給付（保育・教育の無償化、医療の無償化）×現金給付（児童手当・児童扶養手当）の三点セットで、という私自身のビジョンを共有していただき、子ども若者や子育て世帯を、子育てをしていない国民も含め納得を得て応援する持続可能な仕組みをつくる政策実現能力をお持ちの政党だからです。

私は子どもの扶養控除廃止は、最悪の「子育て罰」であると、子ども若者への増税を主張する自民党税制調査会・財務省そして財界の〝上から目線のおじさん〟たちを一貫して批判してきました。(26)

二〇二三年六月の岸田総理の異次元の少子化対策の基本方針である「こども未来戦略方

針」の整備に際して、こども未来戦略会議の財界委員でもある十倉《とくら》雅和経団連会長が「児童手当の所得制限全廃について、反対の意向を示し」「経団連としては納得感が少ない」と旧態依然たる「子育て罰」の主張を繰り広げました。[27]

また鈴木俊一財務大臣は「児童手当の所得制限をなくすなら、子どもの扶養控除を廃止せよ」という主張を展開し、子育て世帯の狙い撃ち増税によって、財源をねん出しようとする意見を主張しました。[28]

せっかく自公政権として、「子育て罰」をなくし、「すべてのこども」が幸せに生まれ育つ日本へと、歴史的な進化をとげようとするいっぽうで、財界と財務省こそ「子育て罰」加害者であることを痛感させられました。

そもそも、子育てをしているお父さんお母さんも納税しており、累進課税制度のもとでより国家に貢献している中間所得層から、児童手当を奪った所得制限も異常でした。

きっと十倉経団連会長の経営する企業にも子育て当事者はおられるはずなので、たとえ経団連加盟企業であっても子育て世代が苦しい実態を当事者から聞いていただければ、お考えも変わるのではないでしょうか。

十倉経団連会長以上にさらに、子育て世代を怒らせたのが、鈴木財務大臣による子どもの扶養控除廃止の方針です。

そもそも扶養控除は、税務の専門家も指摘するとおり国民の生存権を保障する目的のもとで、家計に所得を確保するため、国民の税を免除する仕組みです。(29)

子ども以外の全世代（高齢者、大学生、専業主婦や扶養家族）は扶養控除により生存権が保障される仕組みとなっています。民主党が子どもたちの扶養控除を奪ったこと自体がそもそも異常だったのです。

〇〜十五歳の子どもたちは民主党時代の子ども手当と引き換えにすでに年少扶養控除を奪われ、国家により生存権保障の仕組みが廃止されたままです。さらに十六〜十八歳の子どもたちの扶養控除まで廃止すれば、日本国は子どもたちの生存権は認めないという明確な「子育て罰」メッセージになります。

こんな「子育て罰」の国で子どもを産み育てたい人がどれほどいるのでしょうか。

子どもから扶養控除を奪うこども増税、「子育て罰」の方針により、せっかく「こども未来戦略」での充実した政策パッケージが打ち出されても、すでに妊娠・出産を考えている若者や子育て当事者には、失望が広がってしまった状況なのです。

それを理解し、自民党税調・財務省に対し、高校生増税（高校生扶養控除縮小）を思いとどまるよう、真摯な対話と一時的にせよ持ち越しの判断を引き出してくださった西田公明党税制調査会長や公明党の皆さんこそが、真に子ども若者のための政党であることが証明されたと言えるでしょう。

民主党政権時代に、野党として自民党は民主党が拙速に廃止してしまった年少扶養控除の復活（こども減税復活）を公約として二〇一二年衆議院議員選挙を戦い、自公政権復活を成し遂げておられます。自民党は民主党憎しの一念での口先だけの公約だったのかもしれません。

一方で公明党は、民主党の現金給付より、こども増税により負担増となった子育て世帯の存在を問題視し、年少扶養控除と児童手当（子ども手当）、就学前教育の負担軽減などの子育て支援制度のバランスを重視する立場で一貫した政策を推進されています。[30] 民主党とも粘り強い協議を続けられ、政権交代を経て混乱が広がらず、かつ一過性ではない子ども若者や子育て世帯に手厚くなる支援制度を構築されてきたのです。民主党政権時代や二〇一二年の政権交代前後を振り返っても、公明党の政策には子ども若者や子育て家族に寄り添い、かつブレない安定的な仕組みを作り上げていこうとする一貫した姿勢が改めて確認されるのです。

実は出生率が日本より高い先進諸国では、子ども若者への大幅減税（税制）×保育・教育の無償化や医療の無償化（現物給付）×すべての子ども若者への児童手当・格差是正のための低所得層・中間所得層への児童扶養手当や若者手当（現金給付）の三点セットでの政策パッケージが当たり前になっています。

公明党こそが、この先進国の当たり前である「こどもまんなか三点セット」を実現されるリーダーシップを発揮されることを私は信じて疑いません。

維新の会のこども政策・教育政策――持続可能性・一貫性と、子ども若者のための質の高い豊かな学びに向けて、大いに進歩の余地あり

ここまで公明党への大きな期待を述べてきましたが、私自身は、研究者としてすべての政党のこども政策・教育政策を進化させていくこともライフワークにしています。その立場からは、大阪維新の会・日本維新の会の政治・政策には大いに進歩の余地があり、研鑽を積んでいただきたいと考えています。

たとえば、高校無償化について状況を整理しておきましょう。

東京都が二〇二四年度から高校授業料の所得制限のない無償化を開始すると発表しましたが、大阪府も今、高校の「完全無償化」に取り組んでいます。所得制限を設けず公立も私立も完全に無償化するという案は画期的であり、私もぜひ推進していただきたいと思います。

いっぽうで、私立学校の授業料に上限を設けず、所得制限なくすべての家計の負担軽減と中学生の進学機会拡大を重視する東京都方式の無償化に対し、大阪府方式は私立学校の授業料に上限を設ける「授業料キャップ制」による完全無償化を導入しているという違いがあります。

大阪府方式では、教育の質や多様性の確保に大きな課題があり、イノベーションの可能性が低いため、結果として子どもやその家族のためにならず、公教育システムとしても日本の競争力が落ちていく可能性があることを懸念しています。

吉村洋文大阪府知事の提案は、私立高校は年間六〇万円を標準授業料という形で価格統制し、すべての子どもたちの授業料は六〇万円までは国と府の補助金で賄《まかな》うことで実質無償化するという政策でした。のちに私学に配慮するとして六三万円に増額されましたが、いずれにしてもそれを超える費用は学校側が負担します。

この六〇万円あるいは六三万円という価格は大阪府の私立学校の授業料の平均値にもとづいて決められていますが、価格統制によって私立高校の教育の質を画一化してしまう可能性があります。また私学助成と授業料キャップ制の金額を合わせても、大阪府立高校の生徒一人あたり予算額より低く、大阪府の私立高校は公立高校よりも苦しい経営状況にあり、教育の質を高めたくてもその予算がねん出できないのです。

私自身は教育費政策の専門家でもあるため、与野党の議員からの面談のご依頼や報道からの取材が相次ぎました。大阪維新の会のこうした旧ソビエト連邦などを思わせる社会主義や共産主義に近いアプローチは、新自由主義（リバタリアニズム）を標榜している維新の会らしからぬ手法であると、与野党の議員も不可解に思い指摘する実態があります。

また、六三万円の授業料と全国ワースト二位の私学助成金だけでは、大阪の私立高校は公立高校よりも安く経営されることになります。私立高校がこれまで積み重ねてきた特色ある教育が持続できなくなり、安かろう悪かろうの教育しか提供できなくなるかもしれません。仮に経営難の私立高校が出てくれば、公立高校の統廃合が広がってしまった大阪の〝高校空白地帯〟がさらに拡大する可能性もあります。

大阪府方式の授業料価格統制による無償化は、大阪だけでなく府外の学校に通う生徒も対象となるため近畿地方の私立高校から相次いで難色が示されています。

政策決定のプロセスもまた問題でした。生徒はもちろん、保護者や私立高校と十分な協議を行わず性急な形で提案してしまったのです。丁寧に対話をしていれば、もっとよい案にできたはずです。対話を通じて、論拠なき六〇万円ではなく、より適正な授業料補助額を提示していれば、私立高校の反応も違ったでしょう。

また、大阪府私立学校の価格統制に踏み切っているにもかかわらず、私立学校側との公式な協議体を設けていません。新自由主義を重んじる維新であれば、私立学校側の授業料設定の自由を制限する際には、民主主義のルールとしても当事者との公式協議が欠かせないはずなのですが。

なお私がこの問題を憂慮して文部科学省私学部私学行政課に確認したところ我が国の法令上、「私立学校の授業料設定は私立学校の裁量の範囲である」との回答を得ています。我が国の法令を遵守しつつ家計負担軽減や親の所得によって差別されない子どもたちの高校選択の自由を実現しようとする東京都方式と、そこから逸脱し協議体も公式に設定できない大阪府方式、皆さんはどちらが日本のスタンダードとなるべきだとお考えでしょうか。

確かに現在の日本は高校・大学にお金がかかりすぎるため、自治体による無償化の取り組みは歓迎すべきです。

しかし、ただ無償であればよいのではなく、大切なのは子どもたちが安全安心な学校生活を過ごし、よい友達や先生と出会い自分らしく成長できるかどうか、そして制度自体が持続可能なものかどうかです。大阪に魅力的な学校がたくさんあることが子ども若者にとって幸せなことなのに、今のままではむしろ大阪から魅力的な学校がなくなってしまう危険があります。これでは一体、何のための無償化なのでしょうか。

また、現時点では維新の会の所得制限撤廃の主張には一貫性がなく、たとえば公明党が未来応援給付金について所得制限なしの一律給付を主張した際、吉村知事は所得制限なしの一律給付について批判しました。しかし、そのことと吉村知事が取り組んでいる所得制限なしの高校完全無償化との理念的な整合性は見えてきません。

維新の会は、日本社会を覆《おお》うフラストレーションを受け止めるかたちで勢力を確保しているように映ります。しかし、こうした政策決定のプロセスをつぶさに見ていると、政権政党を目指すためには、やはり大いに研鑽を積んでいただきたいという状況なのです。

政治に何より求められるのは、持続可能な制度と、全員とは言わなくとも多くの人々が安心感、納得感の得られる合意形成であることは言うまでもありません。

そうしたことを踏まえると、やはり各所との粘り強い対話による着実な合意形成を武器とする公明党が与党であることの安定感を感じます。こども政策に関する制度に持続可能性がなく、コロコロと変わってしまった場合、最も割を食うのは子どもとその親です。言い換えれば、持続可能でないこども政策は、それ自体が「子育て罰」だと言えます。

公明党の子育て応援トータルプランは持続可能な設計になっています。しかも、同党のこれまでの実績を見れば「公明党はコロコロと変えない」ということがわかる。変える時にはしっかりと対話を重ね、積み上げていく。その公明党の強みはもっと世の中の人々に広く知られていいと思います。

日本が必要としている「こどもの安全保護法制」

日本のこども政策の改革はまだ緒についたばかりですから、課題は山積みの状態です。性犯罪の前歴者の子どもに関する職への就業を制限する日本版ＤＢＳ（こども性暴力防止法）には、浮島智子衆議院議員をはじめとする公明党の皆さんが地に足のついた議論を進めてくださっているので、しっかりと子どもたちを守れる仕組みになっていくはずです。

DBSと同時に重要なのが、第一章でも触れた子どものセーフガーディング（安全保護）です。日本にはまだこのセーフガーディングに関する体系的な法制が整備されていません。繰り返しになりますがイギリスでは子どもの権利条約・こども基本法を起点として、子どもの安全保護法制が整備されてきました。DBSはその仕組みの一つにすぎません。

国際条約に批准《ひじゅん》しておきながら、実際には人権軽視の姿勢を貫いてしまっているのは、何もこども政策に関してだけではありません。たとえば、一九八一年に発効した女子差別撤廃条約に日本は一九八五年に批准していますが、残念ながら三十年以上経った今もなお男女差別が撤廃されたとは到底言えません。

こども基本法第三条には以下の六つの基本理念が掲げられています。

①全てのこどもについて、個人として尊重され、その基本的人権が保障されるとともに、差別的取扱いを受けることがないようにすること。

②全てのこどもについて、適切に養育されること、その生活を保障されること、愛され保護されること、その健やかな成長及び発達並びにその自立が図られることその

他の福祉に係る権利が等しく保障されるとともに、教育基本法（平成十八年法律第百二十号）の精神にのっとり教育を受ける機会が等しく与えられること。

③全てのこどもについて、その年齢及び発達の程度に応じて、自己に直接関係する全ての事項に関して意見を表明する機会及び多様な社会的活動に参画する機会が確保されること。

④全てのこどもについて、その年齢及び発達の程度に応じて、その意見が尊重され、その最善の利益が優先して考慮されること。

⑤こどもの養育については、家庭を基本として行われ、父母その他の保護者が第一義的責任を有するとの認識の下、これらの者に対してこどもの養育に関し十分な支援を行うとともに、家庭での養育が困難なこどもにはできる限り家庭と同様の養育環境を確保することにより、こどもが心身ともに健やかに育成されるようにすること。

⑥家庭や子育てに夢を持ち、子育てに伴う喜びを実感できる社会環境を整備すること。

注目すべきは、②「教育を受ける機会」や③「意見を表明する機会」「社会的活動に参画する機会」、④「最善の利益」などよりも先に、①「基本的人権が保障されるとともに、差別的取扱いを受けることがないようにすること」が位置付けられている点です。つまり、子どもは誰よりも守られなければならない。まさに子どもの権利条約の四つの一般原則である「守られる権利」の実現の方策がセーフガーディングの考え方です。

児童虐待や性暴力、ネット上での誹謗《ひぼう》中傷、搾取《さくしゅ》、過激思想の刷り込みなどから、子どもたちは守られなければならない。そのためには、立法・司法・行政のみならず子どもにかかわるすべての現場に効力を持つ高度な法制の体系的整備が必要です。

日本で長年、子どもの「守られる権利」のための仕組みが実現されなかったのは、加害者の職業選択の自由を主張する法務省・司法がこの仕組みをブロックしてきたからです。だからこそ日本は長年、性犯罪者天国となり、一人の性犯罪者が何人もの子どもを毒牙《どくが》にかけ、子ども自身やその家族も生涯にわたる心身の苦しみを負うことになってしまっているのです。

こども基本法の成立によってやっと、子ども若者の最善の利益が（大人のわがままや邪《よこしま》な欲望に）優先するという規定がおかれました（前出の④）。やっと日本は子どもたち自身の尊厳を守り権利を実現するため、子どもたちが性犯罪者から守られる、先進国の当たり前の法制であるＤＢＳへの第一歩を踏み出すことができるようになったのです。

子どもの安全にかかわるさまざまな法律

私がこどもコミッショナーすなわち「こども権利委員会」の重要性を訴えているのは、特に子どもの命が失われる悲しい事件をゼロにしていくうえで不可欠だからです。実は、日本の学校の安全は、現行の法律では十分に守ることができない状況にあります。「学校保健安全法」には自然災害や感染症から児童・生徒を守ることは規定されていますが、たとえば教員の性暴力から子どもたちを守ることはまったく想定されていません。あるいは「学校教育法」には体罰を加えることができない旨が規定されているものの、学校では性犯罪や不適切指導などの体罰以外の人権侵害が後《あと》を絶《た》ちません。

また、現行の「労働基準法」では、すでに雇用している教員や保育士に犯罪歴があることが判明した場合も、解雇することができないことになっています。これには犯罪者の「更生保護法」もかかわっています。これらの法律をもとに、こども家庭庁の有識者会議も、犯罪歴をもって解雇の事由とすることはできないという見解を示しており、これに対しては、保育・教育機関からも多くの苦言が寄せられています。

こどもの安全保護法制を進めようとすれば、ＤＢＳといった個別の議論に終始するのではなく、こうした複雑な関連法なども整理しながら、子ども若者の性暴力被害の防止、被害者のケア・支援、そして加害者の更生といった視点を包括する立場に立って行わなければなりません。現状ではあまりにも整理が進んでいないと言わざるを得ないでしょう。

加害者が再犯を繰り返さないように、小児性愛や性暴力が治療できるよう、加害者の更生や再犯防止を支える支援の拡充も必須です。

公明党が素晴らしいのは、子ども若者を性犯罪から守らなければならないという視点と共に、加害者やその家族もまた苦しんでおり、更生や再犯防止、人権侵害を防ぐための支援も欠かせないという両方の視点を持った取り組みを進めておられることです。

熊本県に出張の折に、偶然にも私を見かけられた、江田康幸前衆議院議員（公明党）のお連れ合いであり、熊本県更生保護女性連盟の会長を務めておられる江田宣子さんにお声をかけていただいたことがあります。その時も更生保護の活動の一貫ということで、常日頃から公明党やご関係の皆さまが、罪を犯した人々が立ち直り再び社会で活動し、差別や偏見に苦しめられないようにという活動に取り組んでおられることに、深い感銘を受けました。

加害予防教育と司法連携

子どもの安全保護法制が進めば、学校以外の子どもの安全も確保されます。たとえば、子どもが巻き込まれた事件に関しては、警察による捜査段階で二次被害が起きるケースがありますが、そうしたことも司法面接と呼ばれる子どもの負担を軽減する捜査手法により改善することができます。

日本版DBSが実現すれば、実際の性犯罪が抑止されるのみならず社会の意識も変わっていくはずです。子どもに対して不審なことをする人を見かけた時にすぐに相談できる警察の窓口があったり、先進諸国のようにPTAの役職や学校ボランティアに就く時にも性犯罪の犯罪歴をチェックされたりといったことになってくると、社会のなかで子どもを守ろうとする意識が高まってくるはずです。

子どもの安全保護のためには、加害予防も重要になります。義務教育の一環として加害予防の授業を学校で行うのが理想的です。女性蔑視《べっし》や子ども蔑視をする人というのは、認知が歪《ゆが》んでしまっていますので、実はジェンダー差別と性犯罪というのは同根の問題と言えます。相手が弱いから何をやってもいいという発想は極めて危険であり、そうした発想を抱かせないためにも加害予防の教育は必要不可欠です。

公明党、とくに浮島智子議員が中心的に尽力され、性暴力の加害者にも被害者にも傍観者にもならない「生命（いのち）の安全教育」に二〇二三年度より全国の学校で取り組むように、文部科学省が方針を整備しました。一刻も早く「生命（いのち）の安全教育」がすべての学校・園で実施されることを願ってやみません。

ところでイギリスのセーフガーディングは、大人による子どもへの加害だけでなく、子ども若者による子ども若者への加害も対象になっています。加害者が大人であれ子どもであれ、子ども若者の被害を生み出さないための仕組みなのです。

一つ具体例を挙げると、イギリスでは学校でいじめが発生すると、法律によっていじめた側にかなり厳しい罰則が科せられます。悪質ないじめの条件を満たした場合には、さらなる加害予防のために加害者が出席停止となり、矯正施設に通うことになるのです。日本ではそうした加害予防のための法制化は今後の課題です。

いじめの加害者対応に関して言えば、警察連携だけでなく少年司法との連携が不可欠です。

日本の少年鑑別所には再犯防止のための更生プログラムが用意されています。教育現場の人々は子どもたちを少年鑑別所に送致することに忌避感《きひかん》を抱いていますが、最近の少年司法は刑罰という側面よりも更生や犯罪予防、再犯防止といった〝育て直し〟に重点を置いているため、むしろ教育現場は少年鑑別所としっかりと連携したほうが加害者のためにもなりますし、被害を減らすことにもつながります。私自身も、かかわってきたケースを通じて、少年司法との連携の効果により加害予防や犯罪予防につながった子ども若者たちが少なくないことを把握しています。

ところが、いざ教育委員会などにそのことを提案してみると、皆さんどうしても忌避感がぬぐえないようです。漫画『あしたのジョー』に少年鑑別所が出てきますが、おそらく漫画が連載された一九六〇―七〇年代のイメージを抱いている人が多いのでしょう。

こども家庭庁はいじめ対応について「警察連携」という言い方をしていますが、それだと警察と連携したあとの出口がなかなか見えづらい。だからこそ警察が見守りつつも、加害者のさらなる加害予防のためにも少年司法を含め連携をしたほうがよいと私は考えています。

ちなみに日本の少年鑑別所が更生や犯罪予防、再犯防止に重点を置くようになったのは、少子化もあり、かつてよりも少年犯罪が減っているためです。だからこそ、一人ひとりの加害者にも寄り添い、困難な成育歴や発達課題がある場合にも複数の専門家がかかわり丁寧なアプローチで〝育て直し〟をすることができるのです。

そうした背景を考えればなおさら、教育機関は少年鑑別所と連携をするべきだと思います。小児精神科の医師とも、早い段階で司法連携をしたほうが確実に子どもたちを守れるはずだという見解で一致しています

「こども権利委員会」の設置を

二〇二三年九月末に行われたこども家庭審議会でこんな一幕がありました。

ある委員がこどもコミッショナーについて質問をすると、こども家庭庁の官僚は「こども家庭審議会基本政策部会がこどもコミッショナーの機能を兼ねています」といった趣旨の発言をしたのです。これには驚きました。そんな話はその時に初めて聞いたからです。

何よりもこども家庭審議会基本政策部会には、法曹家や子どもの権利の専門家は不在という委員構成であるにもかかわらず、官僚が堂々とそうした発言をすることにあきれ返りま

した。現在のこども家庭審議会は、既存の部会・分科会が所管できないものはすべて「基本政策部会」の所管としています。ところが、その「基本政策部会」には司法や子どもの権利擁護の専門家が一人もいないのです。専門家がいない部会に、司法連携などを含めた子どもの権利擁護を所管できるわけがありません。

こども家庭庁がそうした残念な現状である以上は、子どもの安全保護に関する議論は政治主導で進めなければなりません。期待しているのは、やはり公明党です。こども基本法をつくる際に、最後までこどもコミッショナーの必要性を粘り強く訴えていたのは、同党の山本香苗参議院議員でした。

第一章で述べたとおり、こども家庭庁に、こども基本法にもとづき新たに「こども権利委員会」を設置するというのが私の提案です。なぜなら、今後、日本版ＤＢＳが運用され始めたり、いじめ対応で司法連携したりするとなると、子どもの権利侵害の状況を分析し、国として改善の提案をする高度な専門性を備えた検証が恒常的に実現されることが、子ども若者の尊厳・権利と最善の利益をいっそう実現するうえでの必須の条件となるからです。「こども権利委員会」では、全国の状況を調査し、専門的見地から助言を行うことを想定しています。たとえば、各自治体は子どもの権利擁護に関する相談を受けており、そのなかには児童虐待や性犯罪、いじめなど、かなり厳しい事案もたくさんあります。そうした相談にどこまで対応できているか、どのような国の支援策が必要かを、この「こども権利委員会」が高い専門性をもって検証するのです。

「こども権利委員会」の権限については、他の三条機関の前例にならい、まず八条機関としてこども家庭審議会とは別機関として設置し、取り組みを積み重ねながら充実させていけばよいのではないかと私は考えています。

こども食堂と学習支援団体の全国団体が、渡辺由美子こども家庭庁長官を訪問した時のことです。渡辺長官が喜んでくださったのは、団体の皆さんが自分たちで独自のセーフガーディングのルールを整備しつつあるという話でした。

支援を行う各団体が全国規模で独自のセーフガーディングのルールをつくるとなると、いずれは国としてガイドラインをつくるという話になる可能性があります。そのときにどこの部会がそれを所管するのか。今のままでは司法や子どもの権利の専門家がいない「基本政策部会」が担当することになるでしょう。それでは、国民の信頼に応えられる意思決定にはなりません。だからこそ、こども家庭審議会ではなくこども基本法に根拠をもつ「こども権利委員会」が必要だと考えています。

共同親権か単独親権か、ではなく、子どもの権利と最善の利益のための法制改革を

子どもの権利というと、共同親権についての議論や報道が白熱しがちですが、これには注意が必要です。

二〇二二年八月、法制審議会の家族法制部会による中間試案とりまとめが、自民党の介入により延期されたという報道がありました。この時、法制審議会では子どもの最善の利益のために「養育費確保」「特別養子縁組制度」「財産分与制度」の在り方を検討していたのですが、いつの間にか自民党保守派が「共同親権を推進すべき」との議論に焦点を置き始め、報道もそれを追随するようになってしまいました。

もちろん離婚後の親権をどうするかは子どもたちのために重要な議論ですし、共同親権は子どもにとって選択肢の一つです。しかし、それだけが重要な論点ではありません。親権にばかり焦点があたる議論や報道によって、子どもの最善の利益の実現が置き去りにされていたのです。

本来議論されるべきだった「養育費確保」「特別養子縁組制度」「財産分与制度」のうち、子どもの貧困を解消するために、最も急ぐべきことは「養育費確保」です。

先にも触れたとおり、二〇二一年の調査では（こども家庭庁、二〇二三、一〇頁）、日本全体の相対的貧困率が一一・五％だったのに対して、ひとり親世帯は四四・五％と約四倍になっています。また、二〇二一年の厚生労働省の調査では、離婚した世帯で「養育費を受けている」と回答した母子世帯はわずか二八・一％で、父子世帯も八・七％に過ぎないことがわかっているのです[31]。こうした実態を横に置き、共同親権のみが重点化されるのは望ましくありません。

共同親権が重点化されるなかで、こども基本法の成立にかかわった私のもとにも報道関係者が取材に来ました。そのなかには法制審議会の検討事項や親権問題への理解が正確ではない方もおられました。それが、自民党保守派が問題提起する「親権問題」を中心とした偏った報道につながったのでしょう。

そもそも民法で規定されている親権とは、身上監護権と財産管理権から成り立っています。さらに細分化すると、たとえば身上監護権には職業許可権というものがあります。監護権を持つ親は未成年の子どもの就業を許可したり、あるいはそれを制限したりすることができるのです。この話を大学の講義のなかで学生たちにすると、我が子の権利や選択を重視する子育てが当たり前となっている若者たちの実態と乖離《かいり》した法律に笑いがおきます。共同親権の議論以前に、親権そのものの整理が必要だと私は考えています。

養育費に関して言えば、財産管理権を性急に整理しなければなりません。たとえば、子どもが早くに亡くなってしまった場合、今の民法のままでは養育実績のない親に遺産が相続される可能性があるのです。実際に、私の知人はその制度によって大変な思いをしていました。

その知人は両親が早くに離婚をして、母子家庭で育ちました。父親は養育費を一切払わなかったそうです。それにもかかわらず、知人の妹が早くに亡くなった際に、父親がその妹の遺産を相続してしまったというのです。信じられない話ですが、この国では民法上、養育を放棄した親が子どもの財産に手を出せることになっているのです。

あるいは、東日本大震災の時にはこんなことも起きました。両親を亡くしたとある子どもは、両親の兄弟姉妹に育てられることになりました。子どもからすればおじさんとおばさんです。すると、そのおじさんとおばさんが子どもの財産になるはずの巨額の保険金を自分たちのために使い込んでしまったのです。共同親権の議論も重要ですが、まずは、子どもの権利や財産を親権者がどうにでもできる、強すぎる親権そのものを見直すべきではないでしょうか。

子どもの最善の利益を優先するために

強すぎる親権は、多くの子どもたちを苦しめてしまっています。たとえば、子どもが親に会いたがっているのに会わせてもらえないとき、あるいはその逆に会いたくないDVやモラルハラスメントの加害者である親に、専門性の低い家庭裁判所のせいで無理やり会わされている、そんなときに子ども自身が救済を申し立てられるような意見表明の仕組みが、まったく存在していないのです。

大学生と接していると、面会交流に関する残念な話をしばしば聞く機会があります。ある学生は、生き別れた父親に会いたいと思っても母親が連絡先を教えてくれないという話をしていました。別れた親と会うことも、子どもの権利なのです。その逆に、長年の虐待被害に遭っており、両親ともに縁を切りたいと切望する若者もいます。

最もいたたまれないのは、離婚の際にどちらも子どもの養育を放棄するケースです。なかでも多いのは子どもが障がい児や医療的ケア児の場合です。にわかに信じがたい話ですが、こうしたケースは決して少なくありません。

共同親権推進派で子ども若者に寄り添えない研究者や自民党議員は、こうした厳しい状況の子どもがいることすら知らないのです。いっぽうで、公明党の伊藤孝江参議院議員や山本香苗参議院議員は、あたりまえのように、面会交流で苦しんだり、困難な状況の子どもも若者たちの意見表明をどのように実現するかという話が通じるのです。

子どもたち自身の意見や厳しい状況を顧みることのできない、自民党右派と法務省・一部の視野の狭い法曹家が暴走した結果、子どもの権利利益を侵害される事例が多発しかねない民法改正案が国会で審議されてしまっています。

東京・歌舞伎町の「トー横キッズ」や大阪・道頓堀の「グリ下キッズ」、福岡・天神の「警《け》固《ご》キッズ」など、夜な夜な繁華街で過ごす子どもたちが社会問題化しています。実は、彼ら彼女らの問題にも親権はかかわっているのです。

身上監護権には、親権者が子どもの居所を指定する「居所指定権」があります。繁華街で過ごす子どもたちは、何も好きで家に帰らないわけではありません。その大半は、帰るべき家がない、家が居場所とはなっていない子どもたちなのです。それにもかかわらず、親に居所指定権があるために帰りたくない家に帰らされ、虐待被害を受け続ける。あるいは、本来であればシェルターに避難すべき子どもが、家に連れ戻されるケースもあります。

こども基本法の基本理念には「全てのこどもについて、その年齢及び発達の程度に応じて、その意見が尊重され、その最善の利益が優先して考慮されること」が謳われています。それを実現するためには、まずはこれまで親権が強すぎた状況下で、子ども自身の権利利益を軽視し、面会交流や養育費の裁定を行ってきた司法が反省をしなければなりません。

面会交流に関して言えば、親が会いたがっているかどうかと、子どもが会いたがっているかどうかは、対等に扱われるべきです。養育費に関しては、支払わない場合の強制徴収や罰則などの仕組みが必要です。国によっては、養育費を払わない場合にはパスポートや運転免許証が停止になったり、追加課税があったりするのです。さらに言えば、そもそも養育費が安すぎるという根本的な問題もあります。法制審議会は、子どもの成長や教育にかかわる経費の実態に即した養育費を議論するべきです。

こども基本法にある「全てのこどもについて……最善の利益が優先して考慮されること」という法文の「優先」は何と比べての優先なのか。答えは明らかで、親などの大人のわがままや独善よりも優先して子どもの利益が優先されるべきという意味です。何気ない一文のようですが、ここが極めて重要なのです。

先に、離婚の際に両親がともに養育を放棄するのは子どもが障がい児等のケースが多いことに触れました。残念なことに、児童養護施設や乳児院では、障がい児や医療的ケア児の比率が一定数あるという悲しい現実があります。

私の教え子に、特別支援学校に勤めている人が何人かいます。彼ら彼女らに話を聞くと、特別支援学校に通う子どもたちの親には残念ながら離婚も少なくないと言っていました。時には教員が親に対して養育を引き受けるように説得するようです。現下の日本では、自治体にも子どもの権利擁護機関が設置されていないがゆえに、学校の先生がそのように両親に働きかけなければならないのです。

もしも両親ともに養育を放棄するようなケースに共同親権を発生させてしまえば、同居親が我が子をネグレクト（育児放棄）したあとに、共同親権を持つやはり虐待親が引き取ることになり、子ども自身にとっては虐待やネグレクトが続いてしまう事案も発生してしまいます。命に係わる問題です。

そのときに、子ども自身の意見表明や最善の利益を支える法定代理人（弁護士）の制度も不十分で、国も地方も子どもの権利擁護機関が必置化されていない日本において学校の先生はどこまで子どもたちのことを守れるのでしょうか。それほどまでに、日本の子どもたちは置き去りにされてしまっているのです。

子どもがいる夫婦のなかには「いつ離婚してもいい」といったことを言われる方がしばしばおられます。子どものことを思えば離婚はしないほうがいいに決まっているのですが、夫婦にはそれぞれの事情があるため、やむを得ない場合もあります。だからこそ、親同士の仲が悪くても、離婚したとしても、子どもの権利が擁護され、最善の利益が優先される仕組みをつくらなければならないのです。

ともあれ、共同親権の推進を重点化するという自民党右派の方針は、そもそもの議論の順番が、根本的に間違っているというのが私の考えです。子どもの権利と最善の利益を優先するのであれば、両親の離婚によって置き去りにされている子どものたちの声を聞き、どのような困りごとや大変さを抱えているのか実態調査から始めることをしなければなりません。

19 内閣府、二〇二一「子どもの貧困の状況」https://www.cfa.go.jp/assets/contents/node/basic_page/field_ref_resources/72e91230-ee19-49d2-b94b-15790ab6d57d/cbf19fb3/20231117_councils_shingikai_kihon_seisaku_bZi2mq96_30.pdf

20 内閣府、二〇二〇「少子化社会に関する国際意識調査報告書」https://warp.da.ndl.go.jp/info:ndljp/pid/13024511/www8.cao.go.jp/shoushi/shoushika/research/r02/kokusai/pdf_g-index.html

21 末冨芳、二〇一〇『教育費の政治経済学』勁草書房

22 岸田文雄総理大臣「御党の子育て応援トータルプランですが、政府としてもしっかり参考とさせていただきたいと考えております」第二一一回国会　参議院　予算委員会　第八号　令和五年三月十三日、発言番号一九七

23 小倉將信こども政策担当大臣「御党の子育て応援トータルプラン、これも私もしっかりと拝見をさせていただきました。まさに、言及をしていただいた伴走型相談支援の実施と出産・子育て応援交付金、これの着実な実施、こども家庭庁の大きな役割の一つだと思っておりますので、まずは先行して実施しております様々な強化をされました子供政策の実施、責任を持って取り組んでまいりたいというふうに思っております。／加えまして、先般、御党の提言を踏まえつつ、子ども・子育て政策の強化に関する試案も取りまとめさせていただきました。その試案、いわゆるたたき台におきましても、全ての子育て世帯を切れ目なく支援することを基本理念の一つに掲げ、ライフステージを通じた子育てに係る経済的支援の強化や、全ての子ども・子育て世帯を対象とするサービスの拡充といった柱に沿っ

て各種の施策を盛り込んだところであります」第二一一回国会　参議院　内閣委員会　第五号　令和五年四月四日、発言番号一〇二

24 国会議事録、第二一三回国会・衆議院予算委員会公聴会・第一号、令和六年二月二十九日、発信番号〇〇六
https://kokkai.ndl.go.jp/txt/121305262X00120240229/6

25 公明党チャンネル「二〇二四年四月十九日 衆院本会議 河西宏一衆院議員」より。

26 末冨芳「異次元の少子化対策、子どもの生存権を否定する扶養控除廃止なら『子育て罰』に」Yahoo!エキスパート記事、二〇二三年六月十四日。

27 共同通信「経団連、所得制限全廃に反対　少子化対策の児童手当」二〇二三年六月五日。

28 ＮＨＫ「鈴木財務相〝児童手当拡充の際には扶養控除の見直しも〟」二〇二三年五月二十六日。

29 田中康男、二〇〇五「所得控除の今日的意義―人的控除のあり方を中心として」『税務大学校論叢』vol.48,1-111.

30 公明新聞「年少扶養控除の廃止――石井啓一党政調会長に聞く 子育て世帯に配慮欠く 幼稚園就園奨励費など混乱の改善策迫る」

31 こども家庭庁、二〇二三「こどもの貧困対策・ひとり親支援の現状について」
https://www.cfa.go.jp/assets/contents/node/basic_page/field_ref_resources/f1dc19f2-79dc-49bf-a774-2160702 6a21d/9bde9c85/20230725_councils_shingikai_hinkon_hitorioya_6TseCaln_01.pdf

特別対談

女性や子どもの声を日本の改革に繋げていく

末冨 芳
教育学者、日本大学教授
×
山本香苗
参議院議員

ようやく動き始めた日本のこども政策

山本　二〇二三年は「こども基本法」の施行や「こども家庭庁」の発足、さらには「こども未来戦略方針」の策定など、日本のこども政策が大きく動き出しました。もちろんこれからが正念場ではありますが、長らくこども政策にかかわってきた者として「ようやくここまで来た」という実感を抱いています。こども基本法によって、子どもを権利の主体として明確に位置付け、子どもの権利を包括的に保障していく足掛かりができました。これからはそうした法制度に魂を込めていく段階に入ったと思っています。

末冨　加えて、二三年は今後のこども政策の方向性を示す「こども大綱」の閣議決定もされました。こども政策にしっかりと財源をつけ、掛け声だけでは終わらせない――そうした政府の迫力をかつてないほどに感じます。報道では「異次元の少子化対策」という言葉が独り歩きした感がありますが、実はすべての施策の名称に「少子化」ではなく「こども」という言葉がつけられているのも大きなポイントです。つまり、少子化対策のみならず、子ども若者の支援や子どもの貧困対策なども含めた政策パッケージになっているんです。その点でも、二三年は〝日本のこども政策元年〟と言える年になりました。

山本　公明党はかねてこども政策を政権の政策の中心に据えるよう訴えてきました。その一つの結実が、二二年十一月に発表した「子育て応援トータルプラン」です。作成には約一年半かかりました。公明党の地方議員と国会議員が力を合わせて実態調査を行い、子育て当事者や支援団体はもちろん、子どもや若者にも直接話をうかがいました。そうした現場の声をしっかり聞いて作り込んだのが同プランなんです。

末冨　公明党の子育て応援トータルプランを見て、教育政策の研究者として思うのは〝痒《かゆ》いところに手が届く政策〟だということです。同プランには「五つの基本的な方向性」が掲げられています。

すなわち、①仕事と家庭の両立により生活を犠牲にしない働き方へ転換する　②子育ての負担が過重にならないように支援する　③常に子どもの視点に立ちこども政策を中心に据えた「こどもまんなか社会」の実現をめざす　④男女間の不平等を解消し性別役割分担意識を是正する⑤若者が希望をもって将来の展望を描ける環境整備――です。

特に重要なのは、③こどもまんなか ④男女平等 ⑤若者施策の三つが入っている点です。④については、子ども若者に関する政策だけでなく、女性に関する政策をリードしてこられた公明党ならではだと思います。近年の日本の停滞を招いているのは、女性が圧倒的に不利な社会構造です。日本は先進国で一番女性の家事時間が長く、男性の家事育児時間はいまだに短い。女性だけに家事育児を押し付けるのではなく、望めば女性男性にかかわらず社会でも家庭でも活躍できるような世の中に変えていかなければなりま

山本香苗
やまもと・かなえ（参議院議員）

1971年広島県生まれ。京都大学文学部卒業後、外務省に入省。2001年7月、参議院議員選挙に初当選（比例区、現在4期目）。厚生労働副大臣などを歴任。

公明党衆議院大阪第16選挙区（堺市堺区・東区・北区）総支部長、政調会長代理。

せん。

社会の意識も変えていく

山本　公明党が二〇〇六年に発表した「少子社会トータルプラン」は、子育ての負担軽減と働き方改革の二本柱でした。ところが、この二本柱だけでは少子化に歯止めがかからなかった。その反省を踏まえて、子育て応援トータルプランには③～⑤を追加しました。

何より、男女不平等の解消なくして少子化の抜本的な解決はありません。以前、若い女性たちから、こんな社会状況なら結婚して子どもを産みたくないという声を聞いて、衝撃を受けたことを覚えています。実際、子どもを持つことに対する希望が低下し、子どもを持つことをリスクと考える若者が増えています。

末冨　子育てがリスクということが社会に浸透してしまっていますよね。これは非常にまずいことなのですが。

山本　男女不平等の問題は、コロナ禍で顕著に表れました。

末冨　コロナ禍で一番自殺者が増えたのは若い女性です。社会的支援の目が届きづらく、かつ経済的に自立できない層に社会のしわ寄せが来てしまいました。

山本　若年層の経済的な基盤が弱いことも大きな問題です。子育て応援トータルプランを作成する際にも、結婚を希望していても現状の給料ではとてもできないという若い方の声が寄せられました。若年世代へのセーフティネットを張り直さなければなりません。もちろん、子育ての負担軽減と働き方改革も引き続き重要なのですが、今回のプランは人々の意識も含めた社会構造全体を変えていかないと少子化の流れは食い止められないという思いに裏付けられています。

話しかけやすく相談しやすい

末冨　公明党の素晴らしい点は、吸い上げてくださる声が全世代を網羅しつつ、なおかつジェンダーの偏りがないことです。現在では子ども若者の声を聞こうという問題意識は他党ももっていますが、そうした取り組みで浮かび上がってくるのは、自ら声を上げられる若者の声ばかりが注目される傾向です。その一方で、なかなか声を上げられない若者たちもいます。そうした埋もれがちな当事者の声を掬《すく》い上げられるのは公明党です。その最大の要因は、公明党議員の〝話しかけやすさ〟〝相談しやすさ〟にあると私は考えています。それは、普段から人々の話を聞き、相談に乗っているからこそ培《つちか》われた力だと思うんです。

山本　ありがとうございます。確かに私たち公明党議員は、一人ひとりが日頃からアンテナを張り、日々のお付き合いのなかで継続的にお話をうかがうことを心がけています。そうすると、一度つながった方々が、困りごとを抱えた方を連れてきてくださったりするんです。そうしたネットワークを着実

に広げていくことが〝小さな声を聴く力〟になっているのだと思います。そこで聞いた声をもとに、国会議員と地方議員が連携しながら、それぞれの役割を果たすかたちで、課題解決に向けて着実に取り組みを続けています。

末冨　ちょうど先日、保育園の施設長をやっている私のゼミの卒業生に、公明党の地方議員を紹介したところです。自治体の議会の全会派をまわる前に公明党の議員に会って全体の状況を見渡しておいたほうがよい、とアドバイスをしました。公明党であれば、党派性によらず中立的に丁寧に話を聞いてともに考え、他政党とも対話ができる。だから、私は社会的課題を抱えた人にはまず公明党議員を紹介するようにしているんです。

困っている人を放ってはおけない

山本　末冨先生のような研究者の方々やNPO法人などの民間団体、企業の方々だけでなく、公明党の場合は党員の皆さまからもさまざまな声が寄せられてきます。地域で困っている人がいる、そうした人を放ってはおけないという党員の方が、議員につなげてくださるケースはたくさんあります。

末冨　公明党の議員には「政治は自分たちだけで行うものではない」といった感覚がおありなのだと思います。だからこそ、どんな場面であれ、相手が誰であれ、対話を大切にし、子どもや高齢者、障がい者、疾患がある方などにとってよりよい社会をつくるために、いつも懸命に働いてくださっているのだと感じています。

山本　公明党に脈打つ精神としてイデオロギーではなく、現実を前にして、常識的な合意形成を図るというのはあると思います。

末冨　政策実現能力にも長《た》けていますよね。他党にもそうした点がないわけではありませんが、公明党の水準まで合意形成能力と政策実現能力を高めてもらえたら、日本の政治はもっと良くなるのにと正直思います。

山本　公明党は結党以来〝中道政治〟を掲げてきました。中道というのは、右と左を単純に足して二で割るといったものではなく、どんなときにも実態に即して、かつ国民の皆さま方の理解が得られるような結論を導き出す。それが中道であり、日本政治における公明党の役割だと考えています。いささか地味ではありますが、与党時代だけでなく野党時代もこの姿勢を貫いてきた自負があります。

末冨　そうした丁寧で地道な役割が一番大切なんだと思います。コロナ禍のなかで公明党は、〇歳から高校三年生まで一人一律一〇万円を支給する「未来応援給付」を提案したものの、所得制限を設けないことについて他党やメディアから大きな批判を浴びました。しかし、今となっては、他党のこども政策も所得制限なしの給付が当たり前のように提案されています。幼児教育の無償化のときも、所得制限なく無償化することへの批判がありましたが、今ではそれが当たり前になっている。きっと、今後も公明党が挑戦していく政策は、一時的には叩かれるものの、中長期的に見れば当たり前になっていくのだと思います。なぜなら、公明党の政策には、人々の生活実感が伴っているからです。

いますが、結局は誰にも届かなくなってしまいます。

創造的な解決策を提起していく

山本　「子育てを社会全体で支える」ということがどういうことなのか、社会全体でコンセンサス（合意）が得られるよう、もっと議論を深めていかなければならないと痛感しています。

末冨　未来応援給付を批判していた維新の会も最近、手のひらを返したように所得制限の撤廃を謳《うた》っていますが、それを一貫して主張し続け、地道に歩みを進めてきてくださったのは公明党です。維新の変化も前向きに受け止めていますが、理念的整合性が見えてこないため、結局は集票のために所得制限をなくそうとしているのではという批判もされています。局面が変わればまた所得制限をしてしまうのではと心配する保護者もおられます。揺らがない政党としての姿勢が問われています。

所得制限なくすべての子どもを応援するのは、子どもの権利の観点からも、安心して子どもを産み育てられる社会を目指す意味でも理想的な仕組みです。まだ残されている高校と大学の無償化も、着実に合意形成を図って進めていくことこそが重要です。それができるのは、やはり公明党だと思います。公明党がこれまで綿密な論理のもと、時の政権とその都度しっかり合意形成をしてきたからこそ、時代状況や党派性に振り回されず、日本のこども政策を大きく進めることができたのだと思います。

山本　公明党は綱領の第一に「〈生命・生活・生存〉の人間主義」を掲げています。揺るがない思想・哲学は堅持する一方で、具体的な政策に関しては実態に即した柔軟性が重要だと思っています。〝こうあるべき〟といった固定観念を押し付けるのではなく、日々刻々と変わる状況を見極めながら社会の在り方を考え、創造的な解決策を提起していく――この繰り返しなのだと思います。

末冨　現実を踏まえた政策というのはよくわかりますが、私から見て山本さんをはじめ、公明党の議員と接していていつも感心するのは、子どもや若者、そして女性に対する深い思いをお持ちである点です。あるいは現状に対する危機感、さらには政治家としてのリーダーシップです。

公明党の議員の皆さんが強い思いの下、毎日尽力しているからこそ、ここまで社会の現実を変えることができたのだと思います。このことはもっと多くの方に知って頂きたいです。

話を聞くだけでなく〝子どもや若者とともに〟

山本　先に社会全体で子育てを支えることについて触れましたが、大阪・堺市東区の登美丘地区防犯委員会は、二十年以上前から月に一回程度、大規模合同パトロールを実施しています。大規模と言うだけあって、多いときには四〇〇人もの人々が街を練り歩くそうです。

末冨　まるでハロウィンのイベントのようですね。

山本　そうなんです。先日、私も参加させて頂いたんですが、その地域は道が狭いので、一〇〇人以上が練り歩くと車や自転車が通れない（笑）。合同パトロールを開始してから、ひったくりなど街頭犯罪は大幅に減少したそうです。

末冨　確かに、仮に何か事件が起きようものなら、地域の人々がすぐに駆け付けてくれそうですね。

山本　このパトロールには若いメンバーもヤングサポート隊として参加しています。大人から若者まで幅広い世代が一緒になって「この町から犯罪をなくそう」と思いを一つにして行動し続けることによって犯罪そのものの発生をなくす。こうした地域や世代をつなぐ取り組みによって、防犯だけではなく、孤立をなくし、地域力を強くしていくことが大切だと痛感しています。

末冨　そうですね。重要なキーワードは「こどもとともに」です。私がアドバイザーを務めている山口県宇部市では、子どもが学校運営協議会に加わったり、地域の大人も授業に参画しようといった先駆的な取り組みが行われています。子どもやその親世代と関われば、子育てをめぐる実態がよくわかり、子育ては社会で支えるものという合意形成につながる

気がします。だからこそ「こどもとともに」が大切なんです。

山本　現在、こども基本法にもとづく「こども大綱」には、子どもの声を聞き、ともに考えていくといったことが書かれているのですが、それに加え、公明党として「社会参画」という視点が入るように強く主張したところです。単に話を聞くだけではなく、子どもや若者と一緒に行動するという姿勢が重要なのだと思います。

末冨　こども基本法ができたことで、子どもと接する職業に就く人に性犯罪歴がないことを確認する制度「日本版ＤＢＳ（こども性暴力防止法)」の議論が日本でもやっと始まりました。こどもまんなか社会をさらに加速させていくためにも、山本さんをはじめ、公明党にはこれからも大いに期待しています。

(二〇二三年十月収録)

第三章

若者の声をカタチに

公明党と若者政策

若者が希望をもって将来の展望を描ける環境整備

こども政策と切っても切れない関係にあるのが若者政策です。非正規労働や奨学金の返済、家族との関係など、若者期には生活をするうえでの困難があふれています。

公明党の「子育て応援トータルプラン」の優れている点は、若者の生活の支援までが含まれているところです。同プランには、次の五つの基本的な方向性が示されています。

①仕事と家庭の両立により生活を犠牲にしない働き方へ転換する
②子育ての負担が過重にならないように支援する
③常に子どもの視点に立ちこども政策を中心に据えた「こどもまんなか社会」の実現をめざす
④男女間の不平等を解消し性別役割分担意識を是正する
⑤若者が希望をもって将来の展望を描ける環境整備

重要なのは、⑤の「若者が希望をもって将来の展望を描ける環境整備」が含まれている点です。

経済的な理由から結婚ができないという若者は少なくありません。数々の国内外の研究が指し示すエビデンスは、日本の場合には若者の貧困を解消すれば婚姻率が上昇し、少子化も改善の方向に舵《かじ》を切るということです(32)。

では、若者の生活を支えるためには、どんな施策が存在するのか。奨学金には若者の貧困対策としての側面もあります。給付型奨学金はもちろん、貸与型も制度を工夫すれば若者の負担にならないようにできるはずです。

たとえば公明党はこれまで、企業や自治体が奨学金の返還を肩代わりする支援制度を推進しています。その結果、この制度はすでに自治体では三六都府県六一五市区町村、企業では全国約五〇〇社に広がっています(二〇二二年十一月時点)。この制度のメリットは、自治体や企業の側にもあります。なぜなら貸与型奨学金を借りてまで大学に進学して学び卒業する若者には、学ぶことや働くことへの意欲があるはずだからです。

たとえばオーストラリアには、低所得層出身の大学生向けの若者手当という支援策があります。またイギリスも同様に、求職者に対する所得補償など、若者であっても生活を保障する公助の仕組みがあるのです。

ご存知のとおり欧州諸国やイギリス連邦各国では大学生がアルバイトなどできないくらい学業に忙しいのです。日本でも大学生が勉学に励まないと卒業が難しい時代になりました。特に理工系の三年生以降は多忙を極めます。大学生だからアルバイトをして稼げばいい。そんなひと昔もふた昔も前のイメージが、日本でも通用しなくなりつつあります。

そもそも大学は高度な人材を育成する教育機関ですので、若者への手当は中長期的な社会的投資政策の意味合いがあります。ゆえにイギリスやオーストラリアは、低所得層や虐待の被害者、難民などの若者に、社会で活躍してもらうために政府が投資を行うのです。

日本では二〇二二年十月に、岸田首相が所信表明で、技術革新や社会の変化に対応して新しい知識やスキルを学ぶリスキリング支援に五年間で一兆円を投じる旨を発表しましたが、若者がどのような投資が受けられるのか見えてきません。日本でも、イギリスやオーストラリアのような若者への投資政策がきちんと設計されるべきだと私は考えています。

日本に若者手当のような支援制度ができれば、両親から養育を放棄された若者も、自立援助ホームのような制約が多い生活だけでなく、自分でアパートを借りたり、シェアハウスに住んだりもできるようになるはずです。最近では、障がいがある若者にも作業型就労や企業型就労などの選択肢が増えていますが、その前段階にある職業訓練を受けるためには、生活が保障されなければなりません。

非正規労働者や低所得層が多い若者期に対しては、その不安定期をいかに支え、安定期に移行してもらうかという発想が必要です。今の日本には、若者を支える仕組みが存在していません。このことは政府の「こども政策の推進に係る有識者会議」で構成員を務められた宮本みち子・放送大学名誉教授も、長らく指摘し続けてこられた課題です[33]。岸田首相は若者の所得を増やすと主張していますが、まずは若者の生活自体を支えることを優先してほしいと思います。

若者期は徹底的に国が支えて負担を少なくする

私はいつも、これから卒業する学生に対して次のようなアドバイスをします。

「これまでの学生生活に比べれば、社会人一年目の生活は金銭的に余裕があるはず。しかし、経済的に大変なのは社会人二年目。二年目から社会保険料や年金保険料が上がって急に手取りが少なくなるから、余裕がある一年目になるべく貯金をしておきなさい」――と。

個人的には、若者こそ減税や社会保険料の免除という恩恵を受けるべきだと思っています。若者期は徹底的に国が支えて負担を少なくする。子育て期の負担も軽減する。その分、医療・介護のニーズが生まれ始める四十代以降で過剰な負担にも過剰なサービス利用にもならないように受益と負担の関係を適正化する。そうした社会モデルの変革が必要だというのが私の提案です。日本の場合、フランスのように資産にもう少し課税することを検討していいのではないかと思います。フランスは、企業拠出と資産課税がこども政策・若者政策の重要な財源となっています。

若者期には安心して学ぶことができ、結婚したければ結婚でき、子どもを産みたければ子どもを産める。そのあたりのことを深刻に考えずともなんとかなる。子どもの教育費にもそれほど頭を悩ませなくてよい。その分、ある程度の貯金ができてきたら年金や医療・介護のためにきちんと拠出をしてもらう——そうした設計であれば、保険料を納める側も納得できるのではないでしょうか。

ともあれ、大切なのは公明党が掲げている「若者が希望をもって将来の展望を描ける環境整備」です。ここを徹底的に掘り下げ、実現することが急がれます。今の日本社会が直面している最大の課題の一つである少子化対策の基盤でもありますし、何よりも若者たちが安心して生き挑戦できる日本になることは社会全体の活力を高め税収を増やすことにもつながります。

あまりにも立ち遅れた日本の主権者教育

若者と政治について論じる際によく話題になるのは、若者の政治参加についてです。あちらこちらで言われる話ですが、四十代以降に比べて十代から三十代の選挙の投票率は明らかに低い。

たとえば二〇二一年十月に行われた衆議院選挙の投票率を見ると全体の平均が五五・九三%であるのに対して、三十代は四七・一二%、二十代は三六・五%、十代は四三・二一%と、それぞれが平均を下回っています。ちなみに、七十代以上は六一・九六%、六十代は七一・四三%、五十代は六二・九六%、四十代は五五・五六%です。この投票率の歴然とした差が「シルバー民主主義」と言われる所以《ゆえん》でもあります。

では、日本の若者の半数以上はどうして投票に行かないのか。決定的な理由は、主権者教育が立ち遅れているからです。主権者教育がまったく行われていないわけではありません。問題は、行われている主権者教育があまりにも形式的すぎる点にあります。

日本の学校における主権者教育では、これまで政治的中立性の観点から現実の政治にかかわる事柄がほとんど扱われてきませんでした。自分はどのような社会を理想としていて、そのためにはどのような政策が必要であるか。その政策を掲げている政党はどこで、候補者は誰で、その政党や候補者には実現力があるのかどうか。そうした政党・候補者を選ぶトレーニングがまったく行われてこなかったのです。

ひどい場合には、投票するためには投票所に行かなければならないことを知らない若者もいるくらいです。若者の投票率を上げるためには、まずは主権者教育を実践的なものにすることから始める必要があります。

ここで私も関係している事例を一つ紹介します。

山口県宇部市は、「こども投票」というユニークな取り組みを行っています。二〇二三年五月のことでした。宇部市にある小野小学校の子どもたちが、同市の篠崎圭二市長に手紙を送ります。内容は、実際に政治家として活躍している候補者の政策を聞いて模擬投票を行いたいというものでした。

これを受けて同市は、議会と協力をして同年十一月に小野小学校で模擬投票を実施しました。私は、専門家として同小の子どもたちと意見交換をしたのですが、彼ら彼女らの真剣さには驚きました[34]。

現実政治に即したかたちで学び、投票の練習を重ねていけば、よい政治家を選ぶことができる。そうすれば、自分たちの暮らす街やこの国はよくなっていくはず。小学生たちがそんなことを考えているのです。

高校に進学しない人がいることを考えれば、主権者教育は義務教育の中で丁寧に行わなければなりません。そのためには学校の先生たちに任せきりにするのではなく、自治体や議会、事務局などがしっかりと協力するかたちで、若者のエンパワメント（力を与えること）を支える学びをつくり出していく必要があります。現下の日本の十代、二十代の投票率の低さは、若者が社会に影響を与える存在になるために後押ししていくという意味での、若者のエンパワメントに失敗していることの証左なのです。

小野小学校のような取り組みを、毎年でなくとも小学生や中学生として何度か経験して、おくことも重要です。公職選挙法や公教育における政治的中立の観点から、統一地方選挙が近い時期に実際の候補者や政治家の政策を聞いての模擬投票の開催は難しいはずです。ならばそれ以外の時期に、割当制で現職の議員が順番に小中学校を回ればよいのです。自治体が主導し、学校側は少しの準備をするだけで済めば、どの地域でも実現の可能性は大いにあります。

若者のエンパワメントという意味では、日本若者協議会の室橋祐貴代表理事などが行っている「選挙小屋」の取り組みも画期的です。

選挙小屋とは、ノルウェーやスウェーデン、フィンランドといった北欧諸国で選挙が近づくと、主要駅などの大勢の人々が集まる場所に設置される政党や政治家のテントのこと。市民は自由に出入りでき、気軽に政治について語り合います。候補者も訪れるので、政治家と身近に接することもできます。

室橋氏は二〇二三年四月の統一地方選に合わせて、その選挙小屋を日本でも再現するために、音楽や料理なども掛け合わせたイベント「民主主義ユースフェスティバル2023」を東京・下北沢で開催しました。あいにくの天候でしたが、とても楽しい興味深いイベントでした。やはり、政治を身近に感じるというのはとても大切なのです。二〇二四年度も同様に選挙小屋が開催されました。(35)

被選挙権年齢の引き下げと供託金の見直しを

若者の政治参加というテーマでもう一つ、いつも議論になるのは被選挙権年齢と供託金についてです。

日本の被選挙権年齢は、衆議院議員と都道府県議会議員、市区町村長、市区町村議会議員は満二十五歳、参議院議員と都道府県知事は満三十歳となっています。若者の政治参加を促《うなが》すためには、これを選挙権年齢と同じ十八歳に引き下げるべきという議論があるのです。

選挙権年齢と被選挙権年齢に差をつける法制上の理由は何一つないはずです。岩盤保守ともいうべき（主に高齢の自民党の）政治家の皆さんが断固として反対しておられるという情報も聞きますが、国会議員であれ、地方自治体の首長であれ、地方議員であれ、被選挙権年齢は成年である十八歳に引き下げるべきだと私は考えています。若者の視点に立てば、やはり同世代の政治家のほうが、自分たちの意見や思いを託しやすいことは言うまでもありません。

理論的にも、間接民主主義である以上は、有権者と同じ世代の候補者がいないと、制度としては不十分であるはずです。つまり現時点では、十八歳から二十五歳未満、あるいは三十歳未満の若者には、同じ世代の代表という観点で自分たちの代表を選ぶ権利がないという制度になってしまっているのです。

供託金とは、売名などを目的とした候補者の乱立を防ぐための制度で、候補者は立候補の時点で定められた金額を収め、既定の得票数に達しなければ全額を没収されてしまうという仕組みです。衆院小選挙区と参院選挙区、都道府県知事選挙で三〇〇万円、政令指定都市の市議会議員選挙で五〇万円、それ以外の市区議会議員選挙で三〇万円という金額になっています。

つまり、一定の財産がなければ選挙には立候補できないわけです。しかし、とりわけ地方議員については少子高齢化による、なり手不足によって、乱立どころか無投票当選が大きな問題になっています。現実に即した選挙制度に変更するという意味でも、供託金に関しても議論をするべきだと思います。

日常生活と性は切っても切れない関係

若者政策でもう一つ重要なのが性教育です。

第一章で学習指導要領で性交を教えられない「はどめ規定」について述べましたが、性教育を推進しようとすると自民党右派が必ずイデオロギーに話をすり替えて反対してきます。言うまでもなく、日常生活と性は切っても切れない関係であり、決してイデオロギーの話ではなく、健康に安全に生きるための権利の問題なのです。

若者にとってはデートＤＶや望まぬ妊娠など、いつどこで誰が被害者や加害者になるかわからない喫緊《きっきん》の問題が性の問題です。包括的性教育は、たとえば性的な接触をする際にはきちんと性的同意を得ることなど、性加害・性被害を未然に防ぐ知識を教えるものであり、自民党右派の皆さんが言う「子ども・若者の性が乱れる」といったことにはなり得ません。

また、近年の日本では、たとえば都市部を中心に性感染症である梅毒の患者が増加しています。性感染症などに対する正しい知識や予防法を身につけていくという意味においても、性教育は不可欠なものです。

「子ども・若者の性が乱れる」との心配については理解できる部分はありますが、正しい知識を持たずに望まない妊娠や性感染症に若者たちを追い込む国が、国民を守れる国だとは思えません。いつまでも子どもや若者から性教育を遠ざけていることで権利が侵害されるのは、大人ではなく子どもや若者なのです。

中でも深刻なのは望まない妊娠です。日本における人工妊娠中絶件数は減少傾向にあるものの、二〇二二年度は十二万二七二五件でした。この数字を一日に置き換えると、毎日三〇〇人以上の妊婦が中絶をしていることになります。あるいは、望まない妊娠は児童虐待による死亡事故のリスクを高めます。あまり知られていませんが、児童虐待死で最も多いのは〝ゼロ歳ゼロヵ月ゼロ日〟の赤ん坊なのです。

兵庫・尼崎市や京都市は、望まない妊娠を減らしていくための有効な取り組みを始めています。病院にかかるほどではないものの、性のこと、体の悩みを性別にかかわらず専門家に相談したい場合に気軽に利用できる、子ども若者のための「ユースクリニック」の設置です。

妊娠などの性にかかわることを相談するには、子どもや若者にとって婦人科はハードルが高すぎます。特に子どもについては、未成年に対する医療行為には親の同意が必要だからです。ユースクリニックは、子ども若者自身の秘密を守りながら相談に乗れるような仕組みになっています。

子ども若者に性に関する正しい知識を

ユースクリニックに限らず、大人はどうすれば子ども若者に正しい性の知識を身につけてもらうことができるかを真剣に考えなければなりません。

たとえば、最近では女性の生理痛は薬でコントロールができるようになっています。それにもかかわらず、子どもに対して「薬は飲まないほうがよい」と教えてしまう親がいます。

日常的に大学生に接していると、中にはひどい生理痛のために授業を頻繁に休まざるを得ない学生がいます。痛みがひど過ぎる場合には、子宮筋腫などの病気を患っている可能性もあるのです。したがって私は、学生に対してはできるだけ早めに婦人科の受診を勧めるようにしています。

知識がないゆえに、自覚がないままに性加害の当事者になってしまうケースもあります。望まない妊娠も含めて、どちらかと言えば男性が女性を傷つけてしまう場合が多いように思います。

スマホの普及によって、最近はインターネット上にあふれている性に関する情報を子どもたちが目にする機会が増えています。ヨーロッパに比べると日本の性的な情報に関する規制が緩いために、性に関する危険な情報を子どもたちも簡単に見ることができてしまうのです。そのため、子ども間の性暴力も起きてしまっています。

先述した、学校で行われる性教育における「はどめ規定」については、実は保護者の同意を得られれば、性交についても学校で教えられることになっています。しかし、ただでさえ忙しい学校の先生がすべての保護者の同意を得るというのは現実的ではありません。

これまで子ども若者の性に関する相談は、厚生労働省の「性と健康の相談センター」が所管してきましたが、こども家庭庁の発足後は同庁が所管することになりました。性教育については、主権者教育と同様にそのすべてを学校が担う必要はありません。保健師や産婦人科医などの専門家の協力を得ながら、学校がゲストティーチャーとともに、子ども若者たちが、自分や他者を尊重できる性教育を展開することも重要です。

性教育に関して、自民党右派は、合意形成のプロセス自体を拒否するレベルで徹底的に反対しています。ゆえに、この課題に関しても、与党である公明党にしっかりと推進していただきたいと思います。

地域に若者の拠点となるユースセンターを

若者政策を進めるためには、ユースセンターの設置も検討する必要があります。日本の各自治体には、子どもの成長や自立を促すための児童館は設置されていますが、若者をエンパワーするための施設がほとんど存在していません。ユースセンターを置いているのは、兵庫・尼崎市や東京・文京区など、まだまだ一部の自治体だけです。まずは主要都市から必置化していくべきでしょう。

ユースセンターを設置すれば、そこを拠点としてさまざまな若者政策を進めることができます。たとえば、虐待に関する相談は十八歳を過ぎると児童相談所では取り扱ってもらえなくなります。その時にユースセンターも機能するべきだと考えています。

たとえば十八歳以上の若者が虐待の被害に遭っていることを学校などがキャッチした場

合には、すみやかにユースセンターに相談します。その相談を受けて、センターで働くユースソーシャルワーカーが動く。各自治体がそうした体制を構築できるように、国には予算をつけていただきたいと思います。

あるいは、虐待に関しては民間のシェルターだけでなく公設のシェルターもあったほうがよいでしょう。シェルターについては、すでにこども家庭庁が事業化することになっています。

ともあれ、主要都市から順番にユースセンターを設置し、そこにユースソーシャルワーカーやユースクリニックも置く。国も地方自治体もそこにしっかりと投資をしていかなければ、若者期の困難はいつまで経っても解消することができません。

ユースセンターという若者の拠点ができれば、その自治体には一定数の若者が留まってくれるようになるはずです。留まってくれた若者が街づくりに参画すれば、その自治体は必ず魅力的な街になります。ただ住んでもらうのではなく、しっかりと地方自治に参画してもらう。そうした発想が必要です。

若者の声を政治や社会に反映するために

若者の政治への参画の話をする際には、ユースカウンシルについて述べておかなければなりません。

ユースカウンシルとは、若者の声を集約し、政治や社会に反映していくための組織であり、「若者議会」や「若者協議会」といった日本語に翻訳されます。本書の中で何度も触れてきた日本若者協議会は、日本を代表する民間のユースカウンシルです。

ユースカウンシルは、とりわけ選挙権がない未成年の意見を政治に反映させるために欠かせません。イギリスでは、学校の先生も「今日はユースカウンシルがあるから」といった会話が当たり前のように出てきます。

特に重要なのは、ユースカウンシルが提案能力を有することと、行政や議会との関係性において権限を有することです。日本でも自治体によっては子ども若者の意見を政治に取り入れようとする動きがあるものの、生徒会同士の意見交換のような次元で終わってしまうケースも少なくありません。

方法はいろいろと考えられます。小中学生のうちは子ども議会に参加でき、高校生になってからはユースカウンシルに参画することができるといった仕組みを、ユースセンターが中心となってつくってもよいかもしれません。そのうえで、高校卒業後にも自治体への提言を続けたい人たちは、日本若者協議会のような枠組みに参加したり、新たに自分たちで組織を立ち上げることも重要だと思います。

全国的に注目が集まっているのは尼崎市のユースカウンシル事業「Up to You!」です。予算がついているので、若者たちの政策提言をしっかりと受け止めて、市の事業としてさまざまな施策を進めることができています。子ども議会に関しては、山形・遊佐《ゆざ》町の「少年議会」の取り組みが有名です。

模擬投票を実施した山口・宇部市もそうですが、先進的な取り組みを行う自治体に共通しているのは、首長自身が子ども若者政策に対して強い関心を持っているという点です。政治的には、「子ども・若者に権利を与えてしまえば、わがままになる」と本気で思っている右派の人たちとも、丁寧に合意形成を図ることがとても重要です。そのためには、子ども若者政策に取り組む団体や、心ある大人がしっかりと連携することが肝要です。

若者たちの政治参加・社会参画のために

こども基本法は、都道府県と市町村に、それぞれ「都道府県こども計画」と「市町村こども計画」を策定することを努力義務として定めています。こども政策にしろ、若者政策にしろ、これが起爆剤になると私は考えています。

これまでは、熱心な自治体ではこども政策や若者政策がしっかりと推進されていましたが、こども基本法ができたことで、今後はすべての自治体が子ども若者の意見を反映しなければならなくなったのです。この流れを決してアンケートや形式的なヒアリングで終わらせてはなりません。子ども若者の意見を尊重してともに計画や政策をつくり、仮に意見が反映できない場合でも、なぜ反映できなかったのかについて、しっかりと説明する責任が地方自治体にはあるのです。

最近では、ユースカウンシルへの高い意識があって活動している若者たちを、経験と力量がある大人がサポートしている事例が全国各地で増えてきています。

滋賀・近江八幡市でフリースクールの活動をしているＮＰＯ法人「Since」は二十代の若

者が中心になって運営しています。同法人では、尼崎市のこども政策担当の理事で同市教育委員会こども政策監を務めている能島《のじま》裕介氏が監事に就いて、さまざまなサポートを行っています。

滋賀県では二〇二三年十月、不登校対策について議論する首長会議で小椋《おぐら》正清東近江市長が次のような発言をして大きな問題となりました。[36]

「文科省がフリースクールの存在を認めてしまったということに愕然としている。今の国の基本的な体質のおかしさの象徴的なものだ」

「フリースクールってね、よかれと思ってやることが本当にこの国家のね、根幹をね、崩してしまうことになりかねないぐらいに私、危機感もってるんです」

子どもの権利をまったく理解していない政治家の典型例のような発言でしたが、これに対して若者たちが抗議の署名活動を行ったのが「Since」でした。

日本でNPO法人の活動が活発化したのは、一九九五年に起きた阪神・淡路大震災の時でした。同年は「NPO元年」とも呼ばれています。大学生だった能島氏は、その後にNPOを立ち上げ、苦労をしながら事業を大きくしてきた世代です。

NPOを運営する際には、透明性の高い会計や法令遵守などをしっかりと徹底しなければならないのですが、若い人たちにとっては、それがなかなか簡単ではありません。自覚がないままに不正を行ってしまえば、どれだけ社会的に意義のある活動をしていたとしても、すべてが水泡《すいほう》に帰《き》してしまいます。だからこそ、経験や力量がある大人がしっかりとサポートをしながら、次の世代を育てていくことが大切なのです。

若者の政治参加・社会参画を促すためにも、大人が適切な応援をしていくことが重要です。たとえば、若者の場合には、若さゆえに知識がなかったり、合理的な判断ができなかったりすることで、差別的な発言や失言をしてしまうケースがあり、それがインターネット上に情報として拡散されれば、デジタルタトゥーとしてネット上に半永久的に残ってしまいます。

そうしたリスクが、若者たちを政治から遠ざけてしまっている部分があります。このリスクをなくすためには、十八歳未満の未成年については、たとえば仮名やハンドルネームを使うなどして実名を公開しないことなどの工夫も重要です。

政治家の皆さんには、そうしたさまざまな配慮をしっかりとしたうえで、若者たちと良好なパートナーシップを築いていただきたいと思います。間違っても、若者たちの政治への参画を自分たちのために利用することはやめていただきたい。よりよい政治を目指すためには、政治に関心を持ってくれる若者を増やさなければなりません。政治家が若者を恣意的に利用し、傷つけてしまえば、彼ら彼女らは政治への不信をより一層深めることになります。

日本若者協議会の場合にも、若者たちが政治に利用されないように、室橋代表理事はじめサポートする大人たちがしっかりとかかわることができる仕組みをとっておられます。子ども若者は権利の主体であり、成長の途上にある存在です。かつ、彼ら彼女らの進路はその時々によって大きく振れを起こすし、社会的にも安定しているわけではありません。大人はそのことをしっかりと理解して、次世代のリーダーを育てるつもりで若者たちに配慮をしていかなければならないのです。

若者から評判が悪い所得制限

大学の教員として学生たちに接している私の肌感覚ですが、最近の大学生たちが最も関心を抱いている若者政策は教育の無償化です。授業などで東京都や大阪府の高校無償化の話をすると、多くの学生が羨《うらや》ましがります。教育の無償化についての話題に実に敏感なのです。

そんな学生にいつも私が言うのは、「東京や大阪と同じことを東京以外の関東の県でもやってもらいたいなら、選挙に行きなさい」ということです。さらには「高校無償化の所得制限撤廃と、高等教育の給付型奨学金の大幅拡充を政策として掲げている政党に投票すれば、あなたたちが求める社会に一歩近づく。投票のはがきを持参しなくとも、身分証明書だけ持っていれば投票できるのだから、とにかく選挙に行きなさい」といった話もします。

実感するのは、所得制限は若者から評判が悪いということです。今の若者たちは不公平であることに敏感なのか、「稼いでいる人には支援をする必要はない」というロジックが通用しません。私たちの世代であれば「ある程度、稼いでいるのだから仕方がない」と考える人が多いと思いますが、私が行っている調査では二〇二三年の時点で三十四歳以下の人たちには所得制限は好《この》まれていないのです(37)。

その点でも、公明党には頑張っていただきたいと思います。無責任に実現できない公約を掲げるわけにはいきませんが、同党が高校無償化について所得制限をなくしていく方向で進めていることは重要です。実際、東京都では都議会公明党の要望どおり、二〇二四年度から高校無償化における所得制限が撤廃されることになりました（私立・都立とも）。今後も、全国ですぐに完全無償化を実現できなくとも、薄く広くでもよいので可能な限りすべての世帯に支援が行き届くような施策を考えていただきたいと思います。

その他にも先述した大阪府や奈良県など、地方自治体が独自で高校無償化の政策を進めているケースがありますが、残念ながら現状では、それらは必ずしもよい制度になっているとは言えません。奈良県が二〇二三年十月に打ち出した県独自の新制度は所得制限のある高校無償化のため、若者たちからは必ずしも評価されない政策である可能性があります。

現下の国の制度では、公立高校の授業料は年収九一〇万円未満の世帯であれば実質無償になっています。各都道府県が独自の政策を進めているのは、国の制度では対象にならない私立高校の授業料に関するものです。国の支援制度に上乗せするかたちで支援をしようとしています。

これまでの奈良県は、私立高校の授業料の支援は年収三八〇万円未満の世帯に限っていました。それを今回の新制度では、年収九一〇万円未満の世帯であれば、生徒一人につき国の制度と合わせて上限で六三万円まで公費で負担するようにしたのです。加えて、公立高校を含めて九一〇万円以上の世帯にも二十三歳未満の子どもを三人以上扶養している世帯には生徒一人あたり五万九四〇〇円を支給することにしているものの、国と同様に九一〇万円で明確に線引きをするという考え方は、子ども若者の権利を重視しておらず改善が必要でしょう。

大阪府の取り組みについては第二章で述べたとおりで、一見すると機会均等に見えますが、学校に負担を強いるという無理な仕組みなので、教育の質の向上に関しては課題がある制度設計と言わざるを得ません。

本当の意味で子ども若者の学ぶ権利を保障し機会均等を目指すのであれば、年収九一〇万円でいきなり打ち切るのではなく、所得制限撤廃が原則と言えます。そのうえで、低所得層や中間所得層により手厚い支援をすることで格差を縮小し、私学助成や公立高校への投資を増やし教育の質も向上させる教育の無償化の理想の実現は、公明党にかかっていると考えています。

教育の無償化は人的資本の育成のため

大学の授業料を無償にしたり、しっかりと公費で支援したりしている国々は、人的資本の育成という発想でそれらの制度をつくっています。他方、日本では低所得層に対する手当てという発想がまだまだ根強いように思います。

たとえば、オーストラリアの場合は、教員養成系の学部に進学をして、卒業後に教員として働き始めた場合には、その時点で奨学金返済が全額免除になったり、割引がきくようになったりします。

あるいはアメリカの場合は、入学時点でさまざまな支援制度が設けられています。成績優秀者やエスニックマイノリティ、家族に大学進学歴がないファースト・ジェネレーション（第一世代）に対して授業料の免除や割引を実施しているのです。それに加えて、卒業後の進路に応じた支援制度もあります。

実は今、日本の大学と大学院への進学率は先進国の中で決して高くはありません。いっぽうで、新卒者の就職率は先進国のなかでとても高い。こうした現状を踏まえると、人的資本の育成という発想でしっかりと大学・大学院での若者の学びを応援していかなければ、国として必要な人材がどんどん先細りしてしまいます。とりわけ科学技術の人材は、少子化も相《あい》まって枯渇《こかつ》することが危《あや》ぶまれているのです。

大学の授業で人的投資論の話をすると、多くの学生が衝撃を受けます。女性の場合、大学や短大、専門学校に進学すると、高卒の人に比べて生涯所得が大きくプラスになることがわかっています。男性の場合は、短大や専門学校への進学では高卒とそれほど変わらず、四年制の大学に進学して初めて生涯所得がプラスになります。

生涯所得についてもう一つわかっているのは、専門学校も含めて分野別の収益率の差がとても大きいということです。自分が志望する分野において生涯でどの程度稼ぐことができるのかについては、できれば若者たちに進路指導などでしっかりと情報を共有するほうがよいと考えています。

公明党が若者政策をリードするべき

こども基本法・こども家庭庁体制は、本章で課題として示してきた数々の若者政策も所管しています。正直に言えば「こども未来戦略方針」も「こども大綱」も、子ども政策に比べると若者政策への力の入り方がまったく不足しています。ここまで記してきたように、若者の経済的基盤をどう強化するのかという大きな難題が私たちの前に横たわっているのです。

そうした中でかねて私が提案し続けているのは、若者向けの住居政策です。子育て世帯の住居費を支援する制度はあるものの、若者向けの支援は今のところ存在していません。実家で暮らしている若者であれば住居費の手当ては必要ないとしても、実家暮らしの若者にはどのようなニーズがあるのか。そのあたりのことも、若者の参画がなければ的確な政策立案ができないのです。

岸田首相は車座対話で子育ての現場に足を運んでいたようですが、今後の政治リーダーは若者の参画を促していくために、大学や高校、若者が多く勤める企業などに足を運んだほうがよいと思います。大学を訪問する際には、東京大学や名門私立大学ばかりに行くのではなく、いわゆるFラン大学にも行くべきです。足を運べば、必ず声を上げてくれる若者は存在します。

若者は、肉体的には大人になっていますが、社会的には〝弱く未成熟な大人〟としての特徴をもっています。今は大人としてまっとうな生活を送っている人たちも、社会人になりたてのころは皆〝弱くて未熟な大人〟だったことを思い起こして、若者と接していただきたいと願っています。

若者と言えば、元気で体力があって前向きに頑張れる人というイメージがあるかもしれませんが、皆が皆、そういうわけではありません。そうした若者像から一度でもこぼれ落ちてしまうと、この日本社会では這い上がるルートが用意されていません。それがこの国で若者期を生きる人たちに課せられた現実なのです。だからこそ、政治こそが若者たちも生きづらい日本を変えていかなくてはならないのです

ひとことで若者と言っても、決して一枚岩ではありません。多くの同世代が学校に通っている子どもに比べると、むしろ若者のほうが直面している課題や、頭を悩ませている内容が多様です。

公明党は長らく〝小さな声を聴く力〟というキャッチフレーズを掲げてきました。一人ひとりの若者の課題に真剣に向き合うためには、まさに小さな声を聴く力が必要です。同党は、若者との懇談会「ユーストークミーティング」や政策アンケート運動「ボイス・アクション」を通じて若者の声を細やかに拾い実績を積み上げてきましたが、これまで以上にその地力《じりき》を発揮し、政治の側から若者のなかに飛び込んで、若者たちの声を拾い上げて政策につなげていってほしいと思います。

こども家庭庁こそ、エンパワメントを

こども家庭庁はまだ始まったばかりの省庁で、課題が山積しています。その一つに審議会の建て付けに関する課題があります。この課題の改善のためにも、ぜひ公明党の力をお借りしたいと思っています。

こども家庭庁ができる前には、内閣府の中に「子ども・若者育成支援推進法」(子若法)にもとづく会議体がありました。この会議体が、こども家庭庁ができて所管が変わった時点で、なくなってしまったのです。つまり若者政策をこども家庭庁はとりこぼしました。

こども家庭庁にその旨を伝えると、やはり「基本政策部会の所管です」という紋切型の答えが返ってきます。しかし、子どもの安全保護に関する議論と同じで、基本政策部会には子若法の会議体に参画していた若者政策の専門家が誰も入っていないのです。

では、こども家庭庁のこども家庭審議会の中に、子若法にもとづく若者分科会をつくるためにはどうしたらよいか。それは子若法の改正です。公明党にはぜひ、子若法の改正を推進し、こども家庭審議会若者部会を設置していただきたいと思っています。

同じようなことは子どもの貧困対策法でも起きています。貧困対策法は二〇二四年にこどもの貧困解消法へと改正され、こども家庭庁の軽想がやっと改まりました。可能であれば子若法もその流れに巻き込んでいけるのが理想です。これについては、私もロビイストとしてできる限りのことをしたいと考えています。

また、こども基本法も、子若法も、子どもの貧困対策法も、若者期までの支援を前提にするために年齢規定を置いていません。それにもかかわらず、現状ではそれを生かせるこども家庭庁の組織機構になっていないのが残念なことです。

行政機構の常識として、組織がなければ予算を確保することはできません。財務省と真正面から議論をして、若者のための予算を取りにいってくれる幹部と課長・係長がいないと財源は確保できないのです。

今後の大きな課題の一つになりますが、若者政策を本気で推し進めるためには、まずはこども家庭庁という組織機構そのものをエンパワメントすることが不可欠です。こども家庭庁は官僚の定員が三八〇名強にすぎず、少数ながらも頑張っておられます、しかし期待される役割に対し圧倒的に人員が足りないのです。

それができるのは、子どもと若者の幸せを真剣に考え、そのための社会構築に本気で取り組んでいる公明党しかいないと思っています。繰り返しになりますが、こども基本法・こども家庭庁体制の構築をリードしてきた公明党だからこそ、若者政策の推進もリードしていくならば必ずうまくいくと、私は考えています。

32 筒井淳也『未婚と少子化 この国で子どもを産みにくい理由』PHP新書、二〇二三年

33 宮本みち子編著『若者の権利と若者政策』明石書店、二〇二三年

34 NHK政治マガジン「子どもたちも投票に参加してもいいと思います」二〇二四年二月十二日

35 室橋祐貴「選挙小屋、日本でも根付くか?今月二回目の開催【民主主義ユースフェスティバル二〇二四】」Yahoo! エキスパート記事、二〇二四年三月十七日

36 NHK「滋賀 東近江市長 フリースクールめぐる発言 謝罪も撤回はせず」二〇二三年十月二十五日、https://www3.nhk.or.jp/news/html/20231025/k10014236691000.html

37 末冨芳、二〇二四【プレスリリース】二十代~三十代の若い女性の五割弱が所得制限のない保育無償化。高校無償化・経済的支援(児童手当等)を子どもへの支援策として支持する傾向/二〇二四年六月十五日公開
https://researchmap.jp/multidatabases/multidatabase_contents/detail/1045613/e8e193cca22b6c79c8a6a0e7444e549f?frame_id=1836213

特別対談

「出る杭を応援する」日本へ——若者政策の未来

末冨 芳
教育学者、日本大学教授
×
中野洋昌
衆議院議員

見えづらい若者の困難

中野　日本の未来を考えるとき、こども政策はもちろんのこと、その先の世代である若者政策のさらなる充実が重要です。末冨先生は日本の若者が置かれている現状と若者政策の課題について、どのようにご覧になっていますか。

末冨　今の日本は若者の約八割が高校卒業後に大学・短大・専門学校に進学します。残りの二割は進学できず、また進学した人のなかにも苦しい経済状況に置かれている若者がいます。あるいは、中高生のころから虐待や貧困などによってリスクが高い環境に身を置かざるを得なかった若者たちもいます。まず、そうした厳しい状況に置かれる若者に焦点が当たりづらい社会状況であることを指摘したいと思います。

中野　最近では繁華街にたむろする若者たちとして、東京のトー横キッズや大阪のグリ下キッズなどが取り沙汰されますが、彼らが集まるのは家庭や学校に居場所がないことも背景にあると思います。

末冨　そうなんです。しかし、得てしてメディアは彼らを面白おかしく取り上げがちで、その背景にある困難に目を向ける人が少ないことを危惧《きぐ》しています。経済問題や居場所、さらには就労やハラスメントの問題など、若者が抱える不安やリスクを直視せず、若者特有の社会課題がなかなか政策に反映されてこなかったのが、これまでの私たちの社会だと思います。

その点でも二〇二三年四月にこども基本法が施行された意義は大きい。こども基本法には、「こども」は何歳から何歳までといった年齢規定が置かれていません。それによってこども政策と若者政策が切れ目なくつながり、若者特有の課題を権利の視点から若者自身の参画によって改善していける法律ができたことは素晴らしいです。あとはこの理念法に、いかに血を通わせていくか、いよいよ若者政策を拡充していく時期に来たと受け止めています。

中野　私は二〇一二年に国会議員に初当選したのですが、当時は三十四歳で公明党のなかで最年少の国会議員でしたので、とりわけ青年政策には力を入れてきました。そのなかで若者が抱える問題になかなか光が当たらない社会の現実を常に感じてきました。

中野洋昌
なかの ひろまさ（衆議院議員）

1978年京都府生まれ。東京大学教養学部卒業。米コロンビア大学国際公共政策大学院修士号取得。国土交通省・課長補佐を経て、2012年、兵庫8区（尼崎市）から衆院議員に初当選。青年委員会青年局長代理、経済産業部会長。

末富　若者は社会的には一人前の大人だと見なされて、より弱い立場だと思われる子どもや高齢者の陰に埋もれがちですね。しかし、当たり前ですが若者は大人への移行期であったり、または大人になりたての存在です。いわば「弱い大人」なのだという認識が大事であると思います。

若者の手取りをいかに増やすか

中野　末冨先生がおっしゃった若者の困難を誰がどう支援するのか。そうした問題意識から、公明党青年委員会として二〇一六年から始めたのが若者向けの政策アンケート「ボイス・アクション」でした。公明党がこれまで実現してきた給付型奨学金の拡充や、携帯電話料金の引き下げ、不妊治療への保険適用などは、いずれもこの「ボイス・アクション」で聴いた若者の生の声が発端となっています。

今の若者は、経済的な理由から結婚や出産を諦める人が少なくありません。先に切れ目ないこども政策と若者政策という話がありましたが、公明党が二〇二二年十一月に発表した「子育て応援トータルプラン」では、「若者が希望をもって将来の展望を描ける環境整備」を五つの基本的な方向性のうちの一つに位置付けました。

末冨　私がこれまでに公明党にお願いしてきたことの一つに、大学などの教育費の負担軽減があります。授業料だけでなく入学金・受験費用含めてです。日本は高等教育にかかる費用が非常に大きく、そのことが結婚や出産を躊躇《ちゅうちょ》させる要因の一つだからです。高等教育の無償化の拡充によって負担は軽減されたものの、中間層の多子世帯などはまだまだ厳しい状況にあります。実は中間層こそ進学する意欲やなりたい職業があっても進学を断念する実態があるといわれています。低所得層はもとより、中間層への支援を拡充していくことが必要であると思います。

中野　おっしゃるとおりです。コロナ禍中では、アルバイトができなくなった高校生が受験すらできないという話もありました。

末冨　私が公明党にお願いしてきた受験前の学校外学習費用や受験料の補助はこども家庭庁の頑張りもあり実現しました。公明党は奨学金の企業による代理返還制度も推進してくださっていますが、とにかく若者の手取りをいかに増やしていくかが重要だと思います。

中野　私も高校・大学時の貸与型奨学金を、国会議員になったあとも返済し続けました。奨学金を借りることの不安は大きいですね。

末冨　二三年十二月に政府が閣議決定した「こども未来戦略」が、若者の経済面に関して前向きなプランになっているのは、公明党が掲げた「子育て応援トータルプラン」の影響があったからだと思います。

中野　「こども未来戦略」における「加速化プラン」の予算規模は当初三兆円といわれていましたが、高等教育・貧困・児童虐待防止などへの支援策を拡充して三兆円半ばまで積み増すことができました。高等教育の部分もまさにいま諸々の具体的な制度を検討してもらっているところです。

若者政策に特化した部会の設置を

末冨 実は現下の日本の大きな課題は、若者に特化した法律や会議体がないことなんです。

中野 子ども・若者育成支援推進法（以下：子若法）も子どもとセットですね。仕組みとしてはこども家庭庁が若者政策を所管することになってはいますが、その上でのご指摘ですね。

末冨 そうです。必要なのは若者を支える法体系や政策体系なんです。こども家庭庁ができた反面、その裏で子若法の会議体の後継がなくなってしまいました。こども家庭庁は、基本政策部会がその役割を担うと言うのですが、同部会には若者政策の専門家が現状いません。あるいは、どの部会でも若者自身が参画しているとはいうものの、若者政策が論じられているかと言えば、そうでもないという実態があります。

なので、いまこども家庭庁に提案しているのは、若者政策に特化した部会の設置です。

そこに若者自身はもちろん、専門家や支援団体、地方自治体などに参画してもらう。そうすることで、日本各地の自治体で若者政策が展開していくよう国が応援するべきです。好事例は、中野さんの地元である兵庫県尼崎市ですよね。

中野　そうなんです。以前から「Up to You!」というユースカウンシル（若者協議会）事業を行っており、中高生が市の課題を解決するための提言を行うなど、子どもや若者の社会参画を推進しています。この取り組みはこども家庭庁からも注目され、「Up to You!」のメンバーの大学生が一人、同庁の審議会の委員になっています。

末冨　尼崎市は若者の居場所としてのユースセンターを設置していて、私もかかわったのですが、二三年の十一月には若者期の心身の健康や性の悩みを相談できるユースクリニックを開設しました。全国各地に児童館があるように、各地にユースセンターが設置されるのが理想です。そのためにはやはり国の仕掛けが必要です。

室橋祐貴さんが代表を務める日本若者協議会は、若者が社会課題の解決に参画する仕組みの実現を目指していますが、活動のもとはヨーロッパのユースカウンシルです。尼崎だからできるのではなく、尼崎でやってきたことを全国的に展開していくことが重要です。

そのときに気をつけなければならないのは、大人の側が若者をよく理解することです。若者は挑戦する意欲が強く、努力ができる一方で、若さゆえのリスクも抱えている。家族の問題や、経済的な問題、異性間の問題などです。そこをしっかりと支えながら、彼ら彼女らの力を引き出していくことが大切です。

若者の参画を促すためには

中野　おっしゃるように、若者の社会参画を促すためには、さまざまな仕掛けや工夫が必要だと感じています。たとえば会議体にいきなり呼んで意見を求めても、若者の側も何を言ってよいのかわからなかったりします。
その意味では、世代の近いユースワーカー（若者の成長を支援する取り組みを専門的に行う人）のような役割の人々に、上手に若者の意見を引き出してもらう必要があるのかもしれません。若者に上手に街づくりにかかわってもらえれば、その地域は必ず活性化します。

末冨　具体的なことを言えば、地方議会では自治体に対しての提案能力を持つ若者会議や若者協議会のような組織を設置するという方法があります。自治体・政党でもリバースメンター制度（若手が先輩や上司に助言や指導を行う仕組み）を取り入れているところもありますよね。それらの施策を講じる際には、同時に若者を守る仕組みが必要です。社会のことを十分に知らないがゆえに、不適切な発言をしてしまうケースも十分に考えられますので、非公開にするなどして若者を守る必要があるのです。

尼崎以外では山形県遊佐《ゆざ》町の少年議会が有名です。尼崎と同様のプロジェクト型の事業で、子どもたちが実現したいことに予算が割り振られます。公明党にはぜひとも、こうした取り組みを推進していただきたいです。公明党の特徴は、どこの議会にあっても超党派の合意を目指すところにあります。自党だけ利するという発想がない。そうした態度が、若者を守り、参画を通じて力を引き出していくことにつながると思うんです。

被選挙権年齢の引き下げも論点

中野　地方議会は生活に身近な課題を取り扱うので、しばしば民主主義の学校といわれたりしますよね。その点、若者の参画は地方から進んでいくのが理想的かもしれません。尼崎では、スケートボードで遊べる場所がないことに困っていた若者たちが市にその旨を提言したんです。その声を受けて、市は簡易のスケボー場を設置するなど、検討を進めています。

末冨　若者の参画というテーマだと、被選挙権年齢の引き下げも大きな論点になります。

中野　二〇一六年に選挙権年齢を十八歳に引き下げた際、公明党の青年委員会としては被選挙権年齢の引き下げも主張しました。やはり、自分たちと同じ世代の人が立候補すれば、関心が高まると思います。もちろん、実現するためには乗り越えなければならない議論がいくつもありますが。

末冨　私も被選挙権年齢は引き下げたほうがよいと思っています。若い政治家に関心を持つというのは、私の娘の言動を見ていても実感します。自分たちの代表を選ぶというのは間接民主主義の基本ですからね。

日常的に大学生と接していて驚いたのは、投票をしない若者の理由でした。政治のことがよくわからないのに投票するのは失礼だと考えている若者もいるんです。全員がそうではないものの、真面目であるがゆえに投票に行かないというのには驚きました。若者の政治リテラシーの向上のためには主権者教育が重要ですが、それと同じくらい被選挙権年齢の引き下げは効果があると思います。

中野　若者の政治への関心を高めるための取り組みとして、公明党は冒頭に述べた「ボイス・アクション」のほかに、若者の声を直接聴くための「ユーストークミーティング」を二〇一六年から行ってきました。あるいは、青年委員会としては、若者担当大臣の設置や、市議会への若者の参画なども提言してきました。

まさにいま議論していることは、子育て世帯ではない若者世帯や単身世帯の支援です。「若者・おひとりさま応援宣言」(仮称)という取り組みとして進めています。まずはSNSなども活用してしっかりと若者世帯や単身世帯の声を聴き、ニーズを的確に把握していきたいと思います。

末冨　若者はアクティブな存在だと思われがちですが、支援に関しては行政の側が積極的に手を差し伸べていく姿勢が大切です。

公明党はさらに攻めるべき

中野　若い世代の方々は、少子高齢化や経済・財政の状況などを、本当に真面目にご覧になっていると思います。その分、将来不安や世代間対立を煽《あお》る言説に惑わされてしまう人も少なくないのかもしれません。そこは、私たち政治家が持続可能かつ安心していただける政策をきちんと打ち出していく必要があると思っています。また、人口減少社会でもまだまだ成長できるという希望を若者に抱いていただけるよう、政治の側が具体的なビジョンをしっかりと描いていかなければなりません。

末冨　高齢化が進んだ国ではイノベーション（技術革新）が起きにくいという研究結果があるそうです。つまり、日本は世界一停滞しやすい国になってしまっている。若者の力をいかに引き出すかは、超高齢社会である我が国にとっての至上命題です。出る杭《くい》を応援する社会にならなければなりません。

公明党はこれまで小さな声を聴き、政策として実現してきてくださいました。今後はより一層、政権与党として若者のエンパワメント（力を与えること）に取り組んでいただきたいと思います。戦略性を持ってその取り組みができるのは、世代やジェンダーの面で多様であり、安定感もあり、かつ粘り強い公明党だけだと思います。他党は「出る杭を応援する」と言いながらも、旧態依然とした〝おじさん政治〟が出る杭を打ってしまっています。日本の若者政策を前に進めるためには、公明党にはさらに攻めていただく必要があります。若者が伸びれば、大人も必ず伸びますから、我が国もよい方向に変わっていくはずです。

中野　ありがとうございます。若者のポテンシャル（可能性）を引き出す政治を、これからも全力で取り組んでまいります。

（二〇二三年十一月収録）

第四章

なぜ公明党にしかできないのか

日本社会と公明党

崩れない制度をつくり込める職人気質

ここまで、現代日本が抱える子ども若者政策の現状とその課題、そしてその課題解決に正面から取り組んできた公明党の取り組みについて記してきました。公明党の議員の素晴らしさの一つに、その誠実さと忍耐強さが挙げられるのはこれまで記してきたとおりですが、個々の議員が職人気質《かたぎ》であるところもまた、同党議員の強みだと私は思っています。やはり、責任のある与党としては、コロコロと変わることのない強固な仕組みをつくらなければなりません。

私は関東のある県の幼稚園を含む私学助成に関する自治体の委員をしていますが、従来の都道府県の補助による私学助成型の幼稚園が激減している事実に驚きました。すでに七割程度の園が、こども家庭庁からの「子ども子育て支援制度」にもとづく財源を受け取る幼稚園に移行していたのです。

「子ども子育て支援制度」は、二〇一九年度から導入された三—五歳の幼児教育の無償化、〇—二歳の住民税非課税世帯の保育無償化が有名ですが、実は「子ども子育て支援制度」

による保育園・認定こども園・幼稚園への補助単価が手厚くなり、少子化の中でもより良い保育・就学前教育を実現することに貢献しているのです。

こども家庭庁（二〇二三、四頁）によれば、私学助成型から離脱し、「子ども子育て支援制度」にもとづく施設型給付に移行した幼稚園では「職員の処遇改善を図ることができた」八五・九％、「公定価格に基づく財政支援（施設型給付）となり、経営が安定した」七二・九％、「職員配置を増加させることが出来た」四六・〇％、「教育・保育内容の充実を図ることができた」三六・六％などの回答が得られています[38]。

職員の待遇が改善され、職員配置が充実し、教育・保育内容の充実が図られることは、子どもたちがより良い保育・就学前教育を受けられる基盤となります。公明党はこの新しい制度の財源を着実に積み増し、補助の単価をさらに上げようとしています。

公明党は、財源の確保以外に、保育士の配置基準も改善しようとしています。現状の法律では、三十人の子ども（四〜五歳児）に対して一人の保育士を配置しなければなりません。これを他の先進国並みに二十五人の子どもに対して一人の保育士の配置に変えられる等、仕組みをつくっているところです。幼稚園や保育所、認定こども園で分け隔てなく保育士の配置基準が改善されれば、多くの幼稚園は、保育所や認定こども園の経営に移行していくはずです。実際にそうなりつつあります。

仮にそうなった時に面白くない思いをするのは自民党かもしれません。私立幼稚園が減れば、自分たちの票田がなくなってしまうからです。認定こども園と保育所には〇歳から五歳までの子どもが通うことができます。他方、幼稚園には三歳から五歳の子どもしか通うことができません。したがって、幼児教育の無償化をひとまず三歳から五歳までという年齢で区切ったのには、票田である幼稚園への補助を大きくしたいという自民党としての思惑があったわけです。

その一方で公明党は、先にも触れたように、厳しい子どもたちは手厚く支えつつ、すべての子どもたちを差別なくサポートするという姿勢を貫き、かつ着実に堅牢な制度をつくり込んでいます。まさに職人気質という言葉がぴったりです。

民主党政権下での高校無償化は家計に補助金を入れるという仕組みにしてしまったがゆえに、親などの家族が教育費以外に使い込んでしまうケースが少なくありませんでした。再びの政権交代の後、自公政権はそうした制度の不備を改善し、学校による代理受給という仕組みをつくりました。

同じ無償化と言っても、きちんと子ども自身のために使われるのか、それとも目的以外のことに使われてしまうのかでは、まったく異なります。仮に民主党政権時に公明党のような制度のつくり込みができれば、よほどのことがない限りは崩れない無償化が実現できたはずです。

政権交代後の高校無償化における所得制限の導入は、ひとえに当時の下村文部科学大臣のワンマンプレーでした。その後に、若い世代や女性からの自公の得票が減ったことを考えれば、所得制限の導入がいかに悪手だったかがわかります。もちろん、困窮層の子どもたちを優先的に支えるべきという価値観は私も大切にしています。しかし、厳しい子どもたちを手厚く支え、かつすべての子どもたちを差別なくサポートするという公明党の姿勢こそが国民の幅広い支持を得るものであり、その目的に適《かな》った確かな制度実現へと尽力する同党の職人気質が、ひいては社会の安定につながっていくことは、今後も変わらぬ構図になっていくものと思います。

目指すべき社会像があるからこそ財源論に挑める

高校無償化に限らず、児童手当にしろ、子どもの扶養控除にしろ、所得制限の導入はその経緯が乱暴だと、子育て当事者や社会全体の分断のもとになってしまいます。ゆえに、所得制限は今、自公政権にとってアキレス腱のようなテーマになっているのではないでしょうか。自民党に足を引っ張られている状況があるものの、公明党には持ち前の誠実さと忍耐強さで粘り強く合意形成を図り、職人気質の仕事で崩れない仕組みをつくっていただかなければなりません。

民主党政権時代の禍根《かこん》の一つに「年少扶養控除」の廃止があります。年少扶養控除とは、十五歳までの子どもを育てる人にとって減税となる扶養控除のことです。その年少扶養控除を廃止した理由は、民主党政権の看板政策だった「子ども手当」の財源確保などのためでした。

子ども手当とは、児童手当の代わりとなる子育て世帯の支援策で、当初は対象を中学生にまで広げて二万六〇〇〇円の支給を目指していました。ところが財源の確保が追い付かず、当初予定の半額である一万三〇〇〇円の支給となり、多くの子育て世帯が落胆してしまいました。

そうした民主党政権の禍根が今も存在する中、ここへ来て年金の「第三号被保険者（三号）」の廃止に向けた議論が進んでいます。三号とは、会社員らの被扶養者が保険料を負担せずに年金に加入できる制度です。これが廃止されてしまうと、専業主婦・夫の子育て世帯の家計が圧迫されてしまいます。

専業主婦・夫の世帯というのは、片働きでも困らない家庭ばかりではありません。子どもが多胎児であったり、障がい児や医療的ケア児であったり、親自身に持病があったりといった理由で、どちらかの親が働くことができない家庭もあるのです。

したがって、年少扶養控除も含めた子どもに関わる税制の改革は早いうちに議論を進めなければなりません。その時に重要なのは、民主党から自公が再び政権を奪取した当初から公明党は、年少扶養控除の見直しを含めて、ひとり親世帯をはじめとするすべての子育て世帯の生活負担を軽減する税制改革を訴えてきたという事実です。

民主党は目指すビジョンこそ悪くなかったものの、財源の議論や無償化のアプローチがあまりにも粗削《あらけず》りでした。それがゆえに結果的に子どもから扶養控除を奪ってしまったのです。現時点では、大きなビジョンを掲げながら、崩れない制度をつくり込める政党は公明党のほかに存在しないと私は考えています。

公明党のすごさの一つは、財源論から逃げないところです。まずは、こども未来戦略方針の加速化プランで確保された三・六兆円の財源で、現時点では手薄な産前・産後と〇歳から二歳までの支援を拡充する。その後は、子育て応援トータルプランで示した六兆円という財源までの残り二・四兆円でとくに若者政策を進め、同時に子どもにかかわる税制の改革と年金の三号に関する議論を進めなければなりません。そして子ども若者の貧困対策も拡充していただかなくてはなりません。さらにその先には消費税や資産課税の議論もしなければならないでしょう。公明党のように一貫した目指すべき社会像を持っている政党は、こうした財源論から逃げないのです。

財源論の話になると、常に高齢者と若者の分断に話が発展しがちですが、これには注意が必要です。子どもの減税を実現すれば、少子化が解消の方向に進み、中長期的には高齢者の医療・年金・社会保障もよりよくなるので、世代に関係なく社会全体がその恩恵を受けることができるのです。その中長期的な視点を外して議論することはできないことを、政治家もメディアも、私たち有権者も念頭におきたいところです。

ブレずに一貫しているのが公明党

子ども若者政策に関して、「政策に一貫性がない」「政局によってブレている」といった批判が公明党に対して起きることがあります。子どもの貧困対策を中心に、さまざまな子ども若者政策にかかわってきた私の立場からすると、その批判はまったく的を射ていません。全体を見通せていないか、恣意《しい》的な批判のどちらかでしょう。

後者はさておき、前者の全体を見通せていないとはどういうことでしょうか。子ども若者政策に関する連立与党の動きをつぶさに観察していると、ある傾向が見えてきます。それは、公明党はブレずに一貫した政策を打ち出しているものの、一貫性がなくブレ続けている自民党、その背後にいる財務省に足を引っ張られているということです。

一九六〇年代に公明党の強い推進で小中学校の教科書無償配布と児童手当が実現したことは第二章に書いたとおりです。同党はその後、一九七六年には「福祉社会トータルプラン」を、八九年には「二十一世紀トータルプラン」を、二〇〇六年には「少子社会トータルプラン」を策定し、一貫して全世代の福祉を充実させるための政策を遂行してきました。その延長線上にあるのが二〇二二年に策定された「子育てトータル応援プラン」です。今まさに公明党が推し進めている幼児教育や高等学校、大学などの無償化を見ても、先述のとおり、厳しい子ども・若者たちには手厚く支えつつ、すべての子ども・若者たちを差別なくサポートするという姿勢を貫いています。

子ども若者政策に関しては、そうした公明党の足を自民党がたびたび引っ張ってしまっている。そもそも自民党は政党としての規模が大き過ぎるので、党としての意思決定までに時間がかかりすぎてしまったり、党としての大きな方向性が定まりにくかったりするのです。憲法改正や防衛政策などについてはさすがに一貫したものがあるのですが、子ども若者政策に関してとなると、財務省の策動、政局や民意に振り回されるばかりで、〝ブレブレ〟となってしまうのです。

子どもの貧困や児童虐待などの対策、ひとり親支援などについては、自民党の中にも議員連盟の会長などに就いて熱心に取り組んできた議員がいます。ところが、ジャニーズ性加害問題や宗教二世問題といった第三者による虐待などには対応しきれていません。宗教二世の虐待被害者の中には、さまざまな地方議員に話を聞いてもらおうと努力してきたが、公明党の議員がもっとも丁寧に話を聞いてくれたという人もいるくらいです。

いっぽう国政における政党の規模を見ると、公明党は決して多くの議席を持っているわけではありませんが、同党の所属議員はそれぞれに専門的実力を備えた人物が多いと感じます。まさに、先述した職人気質の強みと政策の一貫性があるのです。またお人柄も、信頼される誠実な方ばかりです。

私が学生の演習のために使っているデータベースに二〇二一年の衆議院議員選挙の候補者の一覧があります。それを見ると、公明党の場合はそもそも候補者数が抑えられています。公明党は、慎重に選ばれた力ある候補者の中からさらに選ばれた国会議員が、政治の即戦力となって迅速かつブレずに意思決定をしているのです。いっぽうで自民党が足を引っ張ってしまっているという状況は、非常に残念です。

誠実で忍耐強い公明党

コロナ禍の中にあった二〇二一年九月、公明党は十八歳以下の子どもを対象に一人あたり一律十万円相当を給付する「未来応援給付金」を、翌月に行われた衆院選に向けた重点政策として打ち出しました。所得制限を設けないという、公明党にしてもかなり踏み込んだ政策だったのですが、主に保守勢力からの批判を受けます。

中でも特に話題になったのは、吉村洋文大阪府知事による次の発言でした。

「所得制限なしに十八歳以下だから全員に配るというのは、何を目的にしているのかわからない。僕だって三十万円もらえる」[39]

「僕だって三十万円もらえる」というのは、子どもが三人いるものの、困っていない自分が給付金をもらうのはおかしい――ということでしょう。結局、未来応援給付金に対しては、自民党も一律給付に反対したことで所得制限が設けられることになり、多くの子育て世帯が恩恵を受けられなくなってしまったのです。

所得制限を設けないことに対して「何を目的にしているのかわからない」と言った吉村知事が、今になって大阪府下で所得制限のない高校授業料の完全無償化を、学校側に負担を押し付ける形で進めている矛盾についてはこれまでに書いてきたとおりです。

一貫して子育て世帯をサポートしてきた公明党による所得制限のない未来応援給付金が実現しなかったのは、とても残念なことでした。所得制限が入れられてしまったことで、多くの子育て世帯の方々が改めて〝子育て罰〟を受けるような形になってしまったのです。公明党が代弁した子育て世帯の切実な声に応えようとしなかった、岸田政権の不甲斐なさを感じる事案でした。

所得制限については、日本維新の会の吉村知事だけでなく、自民党も方針が二転三転します。菅政権で設けられた児童手当の所得制限が、岸田政権で再び撤廃されたのです。もちろん、所得制限が撤廃されることは喜ばしいのですが、先にも述べたとおり、コロコロと制度が変わることで結局振り回されてしまうのは、ただでさえ大変な思いをしている子育て世帯だからです。

このようにして自民党に足を引っ張られてしまっている公明党に対して、「自民党の言いなりになっているだけじゃないか」という批判の声があります

内情を知らない人たちからすれば、そう見えても仕方がない部分もあるでしょう。加えて、公明党の議員は誠実かつ忍耐強いので、自民党に足を引っ張られたとしても、あからさまに感情的な批判をしたりはしないのです。しかし激しい政治の現場で、子ども若者のために常に粘り強く奮闘する公明党議員を間近にしてきた私から見れば、そうした批判が当たらないことは明白です。むしろ、公明党の議員の皆さんに対しては、人間としても、政治家としても、私は尊敬の念を抱いているのです。

そのうえで、いわば公明党の選挙戦略として提案したいのは、その誠実さや忍耐強さが幅広い有権者にもっと伝わるように工夫して発信していったほうがいいということです。個人的な提言ですが、自民党との協議の中で忍耐を強いられる場合には、たとえばＳＮＳなどで「今回の件の忍耐度は五」といった形で、一から五のレベルで連立与党としての大変さをわかりやすく発信してもいいのではないかと思います。未来応援給付金の際の忍耐

度は、間違いなく「五」だったのではないでしょうか。

もちろん、連立与党としての苦労を、声を荒らげるかたちで発信する必要はありません。これまでどおり誠実に、淡々と、忍耐度を数字で示していけばいいのです。この日本社会の中には、自民党とお付き合いがあるものの、その巨大政党ゆえの意思決定効率の悪さや、方向性のまとまらなさ、傲慢《ごうまん》さなどに辟易《へきえき》している人が少なからずいることも事実です。友党である公明党がその都度、二〇二三年に公式アカウントを開設したティックトック(TikTok)など若い世代に親しまれるSNSも駆使して、その忍耐度を発信していけば少なからぬ人々から共感を得られるように思います。

女性が公明党に投票したほうがよい理由

ともあれ、信頼に足る子育て政策を前に進めるためには、各選挙において公明党に多くの票を集めて勝ち抜いていただくしかありません。その時に重要なのは、無党派層への党勢の拡大です。

近年の研究・調査において、立場や口ぶりから一見、自民党の支持者に思える人でも、実際には自民党に投票していない人が一定数いることがわかっています。だからこそ、公明党は支持者へのアピールに加えて、これまで以上に支持者以外の層に向けて自党の政策や実績を訴えていくべきだと思います。実際に学生などの若い層には、公明党の政策はとても好評なのです。

若い人々の中にあって、特に公明党の政策に関心を示しているのは女性です。教育の無償化を前面に押し出しているという点では維新の会なども人気ですが、公明党はさらに産前・産後のケアや夫婦別姓、女性の更年期対策、性犯罪対策、痴漢対策、ストーカー規制など、これまで男性目線で形づくられてきた社会の構造を改革しようとする政策を掲げ、推進しています。そうしたところに若い女性たちの目は向くのです。議員や支持者の方々には、ぜひとも「女性が公明党に投票したほうがよい理由はたくさんある」といった語り口でアピールをしていってほしいと思います。

支持者以外の有権者には時折、宗教団体が支持母体であることだけで公明党を批判の対象とする人々がいます。それは〝宗教二世〟の問題が社会化して以降、より顕著になったように思います。

この点について大前提として言えるのは、旧統一教会（世界平和統一家庭連合）のケースは宗教の問題ではなくカルト（反社会的な集団・組織）の問題であるということです。憲法に保障される信教の自由は、子どもの権利と同様に絶対に守らなければなりません。そのうえで、子どもの権利を守る観点から考えれば、カルト教団の二世が周囲に相談できる環境になかったことが問題の本質でした。

あまり知られていませんが、宗教活動において、子どもたちに対する暴力・断食などの虐待行為や、不登校の強制、宗教儀礼の強要など、家庭内で明らかな人権侵害が行われている場合、その子どもは児童相談所が扱う案件として、直ちに保護対象になります。カルト教団における宗教二世問題は、当事者が相談さえできれば大半のことは虐待認定ができ、既存の社会的擁護の仕組みにつなげることができるのです。自公政権のもとで、宗教二世として宗教虐待に苦しんできた当事者たちの声に耳を傾け、厚生労働省も二〇二二年末に「宗教の信仰等に関係する児童虐待等への対応に関するQ＆A」を発出し、こども家庭庁は二〇二四年に初の実態調査を行っています[40]。

実際にオウム真理教や幸福会ヤマギシ会におけるケースでは、虐待が告発され、自治体や児童相談所が対応した例があります。

また最近の事例では、安倍元首相銃撃事件が起きた背景の一つには、山上徹也被告が大学への進学を諦めざるを得なかったことがあると報道されています。子どもの進学先を制限することは虐待に当たります。もし彼が、高等教育無償化の恩恵を受けられる世代であったならば、と胸が痛みました。普通に学んで、友だちをつくりたい、社会で活躍したいという子ども若者の切実な願いに寄り添う政策が何より大切です。今後は、公明党が推進した教育無償化の適用を広げていくことはもちろん、虐待認定できない微妙なケースについては、子どもの権利侵害を監視するこどもコミッショナー・オンブズパーソンの創設、あるいはピアサポート（同じような悩みをもつ人たち同士で相談したり、支え合ったりする活動）の体制を構築することも急がれます。

今こそ宗教と政治の関係性を議論するべき

ともあれ、カルトの問題を宗教の問題とはき違え、事件とはまったく無関係の創価学会を支持母体とする公明党へのバッシングが起きたことには、驚きとともに憤りさえ覚えました。憲法や国内法をないがしろにし、自らに都合のよい主張だけを繰り返す反社会的団体と、憲法や国内法を遵守して対話を推進する団体とを同等に扱うのは、まったくの筋違いです。道路を逆走する車と、交通ルールを守って走行する車ほどの違いがあると言えばわかりやすいでしょうか。

言うまでもなく、公明党は一貫して弱い立場の人に寄り添い、声なき人たちの人権をこの国の政治の中に位置付けてきました。旧統一教会のような、結果として社会的弱者の人権を蹂躙《じゅうりん》するような団体とは、まさに正反対の存在です。

さらに政教分離の観点から同党を批判する人がいますが、憲法二〇条に則って、誰よりもその原則に真摯《しんし》に向き合い、国民への説明責任や透明性の担保に努めてきたのは公明党です。同党と創価学会は、選挙支援などの協議の様子について、公式サイトや機関紙などでつぶさに発表する公開原則を貫いています。

この姿勢は、宗教団体から支持を受けるすべての政党が見習わなければなりません。政教分離に関して批判されるどころか、他政党の模範となっているのが公明党と言えるでしょう。むしろ自民党をはじめ、他の野党で宗教団体との協議内容をどれだけ公開しているのでしょうか。自民党の個々の議員が旧統一教会と関係をもっていたこととは別に、各政党はこの点にも真摯に向き合っていただきたいと思います。

問題の本質を見誤った宗教へのバッシングは、民主主義の理念や人類の文化を根本から否定することにもつながります。欧州では現在も、キリスト教系の政党が多くの国民から支持を集め、民主主義を牽引しています。

日本では政治や宗教についての話題になると避ける方向に流れがちですが、旧統一教会の問題は、宗教と政治の関係性などについて、真剣に語り合うよい機会だと思っています。むしろ若い世代からの意見や悩みも共有したり、信仰の重要性を改めて発信したりといったこともひるまずに取り組まれても良いと思います。

旧統一教会の問題で脚光を浴びることになった宗教と政治の関係性についての議論は、日本においてはよりよい社会をつくっていくための重要なテーマだと思います。その意味でも、支持者以外の有権者の人々にはもっと公明党のことを知ってほしい。そして、公明党の議員や支持者の方々も、これまで以上に外に開いたコミュニケーションを行ってほしいと思っています。

38　こども家庭庁、二〇二三「令和5年度私立幼稚園の子ども・子育て支援制度への移行状況等調査の結果」https://www.cfa.go.jp/assets/contents/node/basic_page/field_ref_resources/481073ad-6d4f-4ddb-9f39-13370dbcef18/2bdca18e/20240219_councils_shingikai_kodomo_kosodate_YQvq3ixL_17.pdf
39　FNNプライムオンライン『僕も30万円もらえる』維新・吉村副代表が公明『18歳以下に現金10万円給付』案に疑問」二〇二一年十一月七日
40　三菱UFJリサーチ&コンサルティング「保護者による宗教の信仰等に起因する児童虐待に関する調査研究報告書」https://www.murc.jp/wp-content/uploads/2024/04/koukai_240426_02_12.pdf

本書は語り下ろしに加筆修正を加え、
記述形式に編集したものです。

潮新書 062

公明党と子ども若者政策

2024年 9月20日　初版発行

編　者｜ こども政策検証プロジェクト
発行者｜ 前田直彦
発行所｜ 株式会社潮出版社
〒102-8110
東京都千代田区一番町6　一番町SQUARE
電話　■ 03-3230-0781（編集）
■ 03-3230-0741（営業）
振替口座 ■ 00150-5-61090

印刷・製本｜ 中央精版印刷株式会社
ブックデザイン｜ Malpu Design

ISBN978-4-267-02418-4　C0237